VOCÊ SOFRE PARA NÃO SOFRER?

Jorge Forbes

VOCÊ SOFRE PARA NÃO SOFRER?

desautorizando o sofrimento *prêt-à-porter*

Copyright ©2017 Editora Manole Ltda. por meio de contrato de edição com o autor.

EDITOR GESTOR: Walter Luiz Coutinho
EDITORA: Cristiana Gonzaga S. Corrêa
PRODUÇÃO EDITORIAL: Visão Editorial
PROJETO GRÁFICO E DIAGRAMAÇÃO: Visão Editorial
CAPA: Daniel Justi

Dados Internacionais de Catalogação na Publicação (CIP)
(CÂMARA BRASILEIRA DO LIVRO, SP, BRASIL)

Forbes, Jorge
   Você sofre para não sofrer? : desautorizando o sofrimento *prêt-à-porter* / Jorge Forbes. -- Barueri : Editora Manole, 2017.
   Bibliografia
   ISBN: 978-85-204-5031-4
   1. Psicanálise 2. Psicanálise clínica 3. Sofrimento (Aspectos psicológicos) I. Título.

17-02502   CDD-150.195

Índices para catálogo sistemático:
1. Psicanálise : Psicologia 150.195

Todos os direitos reservados.
Nenhuma parte deste livro poderá ser reproduzida, por qualquer processo, sem a permissão expressa dos editores.
É proibida a reprodução por xerox.
A Editora Manole é filiada à ABDR - Associação Brasileira de Direitos Reprográficos.

1ª edição - 2017

Editora Manole Ltda.
Avenida Ceci, 672 - Tamboré
06460-120 - Barueri - SP - Brasil
Tel.: (11) 4196-6000
www.manole.com.br | info@manole.com.br
Impresso no Brasil | *Printed in Brazil*

Este livro contempla as regras do Acordo Ortográfico da Língua Portuguesa de 1990, que entrou em vigor no Brasil em 2009.

São de responsabilidade do autor as informações contidas nesta obra.

JORGE FORBES

Psicanalista e Médico Psiquiatra. Doutor em Teoria Psicanalítica pela Universidade Federal do Rio de Janeiro (UFRJ) e Doutor em Ciências pela Universidade de São Paulo (USP)/Faculdade de Medicina (Neurologia). Mestre em Psicanálise pela Universidade Paris VIII. Analista Membro (A.M.E.) da Escola Brasileira de Psicanálise e da Escola Europeia de Psicanálise. Membro da Associação Mundial de Psicanálise (AMP). Presidente do Instituto da Psicanálise Lacaniana (IPLA). Diretor da Clínica de Psicanálise do Centro de Pesquisa sobre o Genoma Humano e Células-tronco (CEGH-CEL) da USP. Criador do Programa TERRADOIS para a TV Cultura. Autor de vários artigos e livros. Prêmio Jabuti.

SUMÁRIO

PREFÁCIO **11**

1. INTRODUÇÃO **15**

2. O CORPO E A DOR **27**

   As doenças degenerativas e o sofrimento psíquico gerado por elas **27**

   O sofrimento psíquico **30**

   A vida qualificada e o princípio responsabilidade **30**

   O que dizem os pesquisadores que acreditam na qualidade de vida **33**

3. COMO A PSICANÁLISE ENCONTRA A GENÉTICA **37**

   Genética e psicanálise: o encontro **37**

   A clínica que praticamos **41**

Montagem de equipe e modo de trabalho   **47**

Os sujeitos da pesquisa   **51**

Materiais e métodos utilizados para a coleta de dados   **58**

Dispositivos para a coleta de dados   **60**

4. PACIENTES, FAMILIARES E TRATAMENTO   **67**

Resultados na categoria "Geral"   **68**

Resultados na categoria "Estado mental e cognitivo"   **70**

Resultados na categoria "Comportamento"   **71**

Resultados na categoria "Atividades da vida diária"   **73**

Resultados na categoria "Vida amorosa"   **75**

Resultados na categoria "Posição subjetiva"   **77**

5. COM A PALAVRA, OS PACIENTES **79**

Depoimento de paciente homem, 40 anos, portador de distrofia muscular do tipo cinturas (DMC)   **79**

Depoimento de paciente homem, 36 anos, portador de ataxia espinocerebelar   **81**

Depoimento de paciente homem, 40 anos, portador de distrofia muscular progressiva tipo Becker   **82**

Depoimento de paciente mulher, 29 anos, portadora de distrofia muscular do tipo fácio-escápulo-umeral   **82**

Depoimento de paciente mulher, 63 anos, portadora de ataxia espinocerebelar **83**

Depoimento de paciente homem, 36 anos, portador de distrofia miotônica de Steinert **84**

Depoimento de paciente mulher, 43 anos, portadora de distrofia muscular do tipo cinturas (DMC) **86**

Depoimento de paciente homem, 21 anos, portador de atrofia espinhal progressiva **87**

6. DISCUSSÃO **91**

O impacto psíquico de um acontecimento **91**

Menores e maiores incidências do tratamento psicanalítico **92**

O mesmo método e as diferentes doenças **94**

Um exemplo da ação analítica em um dos casos atendidos **95**

Limites e alcance do método e a sua reprodução **101**

APÊNDICE **103**

REFERÊNCIAS **109**

ÍNDICE ONOMÁSTICO **115**

ÍNDICE REMISSIVO **117**

PREFÁCIO

Um belo dia, Jorge Forbes me ligou com a seguinte pergunta: você acredita no determinismo genético? "Claro que não", respondi imediatamente. "Quem te falou essa bobagem? Nenhum geneticista acredita nisso. Aliás, aqui no Centro de Pesquisa sobre o Genoma Humano e Células-tronco da Universidade de São Paulo, há muito tempo estamos desenvolvendo um projeto importante cujo objetivo é justamente tentar entender por que os portadores de uma mesma mutação, de um mesmo defeito genético, podem ter doenças com progressões tão diferentes. Alguns têm quadros muito graves, enquanto outros apresentam graus muito leves ou são assintomáticos. Descobrir o que protege algumas pessoas dos efeitos deletérios de uma mutação genética é um desafio enorme e de grande interesse na busca de tratamentos".

Foi essa conversa telefônica que deu início ao nosso trabalho conjunto. Contei a Jorge que atendíamos pacientes com doenças neurodegenerativas e que muitos deles tinham grande dificuldade para aceitar o diagnóstico de uma patologia progressiva e incurável. Informei também que, frequentemente, as doenças genéticas envolvem, além do paciente, toda a família dele. E questionei: será que o apoio psicanalítico poderia retardar o aparecimento dos sintomas? E será que ajudaria não só os pacientes, mas também os familiares a lidar com o parente afetado? Sem hesitar, Jorge Forbes respondeu: "Acredito que a psicanálise poderia ajudá-los". De antemão, tive de alertá-lo. Acostumado a atender pessoas na sua maioria com bom poder aquisitivo, ele iria se deparar com outra realidade. Muitos dos nossos pacientes lidam com enormes dificuldades financeiras, além da doença. O transporte, para quem tem dificuldade de andar ou é cadeirante e não tem condução própria, é uma barreira gigantesca. Problemas não faltam. E perguntei a mim mesma: "Seria mesmo possível melhorar a qualidade de vida desses pacientes e de suas famílias?". Como todo e qualquer cientista, eu precisava ver para crer. E assim começou a nossa parceria, a qual já dura mais de 10 anos e gerou uma das teses de doutorado de Jorge Forbes – a qual tive o prazer de orientar – que fundamenta este livro.

Os resultados que observei foram impressionantes, muito acima de minhas expectativas. Muitos pacientes que haviam desistido de viver voltaram a exercer atividades, estabeleceram novos relacionamentos e reinventaram suas vidas após poucas sessões de psicanálise. Curiosamente, tivemos alguns casos de jovens que pediram para tratarmos não deles, mas de suas mães "superprotetoras", pois se sentiam sufocados pelo cuidado demasiado.

Outra descoberta surpreendente é que a maioria das queixas dos pacientes não está relacionada à sua doença. Cito um exemplo a seguir. Um dia, uma senhora que já era cadeirante há muito tempo, portadora de uma forma de distrofia muscular, entrou na sala com seu marido, um senhor alto e de boa aparência. Jorge Forbes, olhando para a senhora na cadeira de rodas, perguntou: "Qual é o seu problema?". A senhora respondeu, com um sorriso no rosto: "O meu? Nenhum". E continuou: "O problema é ele. Sofre de síndrome de pânico e tem medo de sair sozinho. Tenho que acompanhá-lo para todo lado. Perdi minha liberdade! Quem precisa de tratamento é ele e não eu, e é por isso que vim os procurar". Várias histórias vividas por nós estão transcritas em um capítulo desta obra.

A pesquisa que executamos juntos nos ensinou muito, como, por exemplo, que os pacientes odeiam a compaixão que é tão defendida por todas as religiões. O impacto negativo do "vírus social RC" (resignação e compaixão), inventado por Jorge Forbes, é discutido neste livro.

E o trabalho da pesquisa ainda perdura, sendo realizado por uma equipe de psicanalistas sobremaneira competente e dedicada, supervisionada por Jorge Forbes, que acompanha semanalmente pacientes e familiares no Centro de Pesquisa sobre o Genoma e Células-tronco da Universidade de São Paulo.

Conversar com os pacientes e ouvir as suas histórias proporciona aprendizado constante e o ensejo de refletir, de reavaliar e de redimensionar os nossos próprios problemas. Eu acredito que essas experiências com eles nos tornam pessoas melhores.

Sou extremamente grata a Jorge Forbes e a todo o grupo de psicanalistas pela enorme ajuda que têm oferecido a nossos pacientes e pela oportunidade de participar dessa pesquisa.

É uma honra para mim e um privilégio a vocês, leitores, que a conclusão da tese e que essas histórias transformadoras e várias outras que se sucederam tenham se transformado neste livro.

Mayana Zatz
Professora Titular de Genética e Diretora do Centro de Pesquisa sobre o Genoma Humano e Células-tronco da Universidade de São Paulo

1

INTRODUÇÃO

Estamos diante de uma nova medicina: a medicina do futuro. Antes, íamos ao médico para saber o que nos havia acontecido no passado, fosse ele recente ou distante. Primeiro sofríamos e, só depois, procurávamos o médico. Isso até trinta anos atrás, aproximadamente. Era a medicina tradicional, terapêutica, sustentada no princípio clássico do *restitutio ad integrum*.

Em seguida, começamos a buscar atendimento para melhorar o nosso presente: foi o surgimento da medicina cosmética, em princípio criticada por sua suposta superficialidade e, posteriormente, bastante aceita e difundida.

Agora, deparamos-nos com a medicina do futuro, aquela que não mais trata do que tivemos ou do que temos, mas, sim, daquilo que ainda vamos ter. Doenças são anunciadas antes de qualquer sensação física, com previsão de cinco, dez anos, incluindo, por vezes, a descendência. Trata-se da medicina do futuro, marcada pela Genética.

Um exemplo dessa mudança é a pesquisa que Scott e Collins desenvolveram em macacos, em 1973, a fim de verificar a eficácia de uma substância para tratar estrabismo sem a necessidade de cirurgia. Essa droga, a toxina botulínica tipo A, foi primeiramente utilizada com fins terapêuticos. Curiosamente, verificou-se que, nos pacientes por ela tratados, as rugas pareciam amenizadas. Assim, passou-se da medicina terapêutica à medicina cosmética.

Quanto à terceira situação, da medicina do futuro, temos o exemplo, amplamente divulgado em livro e na mídia, de Craig Venter, que publicou a sequência de seu próprio genoma (Levy et al., 2007). "Venter relata ter variantes que aumentam seus riscos de alcoolismo, doença coronariana, obesidade, mal de Alzheimer, comportamento antissocial e desordem de conduta." (Wade, 2007)

A Genética está para o século XXI como a Física esteve para o século XX: ela estabelece novos paradigmas. A tese de doutorado que se transformou neste livro, na fronteira da Psicanálise com a Genética, pretende abordar um tema crucial: como, no contexto específico dos portadores de doenças degenerativas e/ou de seus familiares e amigos, se dá o sofrimento humano na medicina do futuro? Como os escutar? Como os tratar?

"Na psicanálise, o Real tem sentido, e uma teoria do sujeito obriga a uma teoria da parceria." Essa afirmação de Miller e Laurent, articulada na aula de 19 de março de 1997, evoca o real sem sentido da ciência. Curiosamente, podemos lembrar que o discurso da ciência não se justifica cientificamente. Um exemplo é o caso da clonagem. Dolly, a ovelha nascida sem ter havido cruzamento sexual, concretiza o que a psicanálise vem afirmando há tempos: a existência de um disparate entre a reprodução e a sexualidade.

Assim como na ciência, na psicanálise o Real tem um sentido em fuga, o sentido último escapa:

Afirmar um real com sentido equivale a dizer que ali onde Pascal, metaforicamente, tremia frente à imensidão do silêncio de um universo negro sem resposta, é possível inventar um termo, uma palavra, que contorne o sentido sempre fugidio: uma enunciação própria a cada pessoa, marca de identidade da aposta com o real. [...] A enunciação entendida como o sentido captado no real, consequente à parceria analítica. [...] A psicanálise só se transmite encarnada, condição do sentido do real. (Forbes, 1998, p.8)

O saber psicanalítico implica o sujeito. Mas há teóricos de várias áreas que defendem um saber sem sujeito ou dele descomprometido, considerando "saber científico" aquele que independe da subjetividade do emissor e do receptor. Lacan, na Abertura de seus *Escritos*, diz querer "levar o leitor a uma consequência em que ele precise colocar algo de si" (Lacan, 1998a, p.11). Na transmissão do saber psicanalítico, emissor e receptor estão implicados. Assim, a psicanálise só é transmitida se a pessoa colocar algo de si no que lê, escreve, faz ou fala (Forbes, 1996).

Há quem possa achar estranha a colaboração da Psicanálise com a Genética, como é o caso aqui. Isso porque a grande mídia tratou de fazê-las absolutamente díspares: supostamente, a Psicanálise seria o reino da subjetividade; a Genética, o da objetividade. Dois mundos incompatíveis e em conflito, com aparente vantagem para a Genética, da qual se esperam respostas, nos próximos anos, para todas as aflições humanas, especialmente as da esfera do amor, do talento, do gosto, das vocações.

A subjetividade estaria condenada à morte pelas letras do código genético de cada um. *Maktub*: ali tudo estaria escrito e determinado. Seria o almejado fim da dúvida, a elevação do humano à categoria dos animais que não duvidam – tal qual uma vaca, que nunca contesta. *Maktub* retira a responsabilidade do sujeito sobre o seu destino. O ser humano sempre buscou o lugar onde estaria escrita a sua história. Se ontem era nas estrelas, o que levava – e ainda leva – muitas pessoas a consultar astrólogos, hoje é no genoma, no sequenciamento dos genes humanos, que se busca o conforto do *Maktub*. No entanto, nem tudo está escrito. "Até mesmo quando está escrito no código genético, existe um *gap*, uma distância entre o escrito, o genótipo e sua expressão, o fenótipo. Trata-se do que é chamada a 'expressão gênica.'" (Forbes, 2007/2008)

Muitos devem ter ficado frustrados com as declarações de um cientista como Craig Venter, o primeiro homem a ter seu código genético decifrado, em entrevista ao jornal *O Estado de S. Paulo*, no dia 13 de abril de 2008, realizada por Herton Escobar:

> Sim, os seres humanos são animais altamente influenciáveis pela genética, mas são também a espécie mais plástica do planeta em sua capacidade de se adaptar ao ambiente. Há influências genéticas, sim, mas acredito que as pessoas são responsáveis por seu comportamento.

Na mesma linha, em seu livro *Uma vida decodificada*, Venter afirma:

> Todavia, uma das descobertas mais profundas que fiz em minha pesquisa é que não se pode definir uma vida ou qualquer vida com base apenas no DNA. Sem entender o ambiente no qual as células ou a espécie existem, é impossível entender a vida. O ambiente do organismo é, em última análise, tão único quanto seu código genético. (Venter, 2008*b*, p.3)

A posição de Venter reflete a da maior parte dos geneticistas, o que os aproxima dos psicanalistas em um ponto fundamental para desenvolverem pesquisas em conjunto: não há relação biunívoca entre o genótipo e o fenótipo, entre o mapa genético e sua expressão gênica. A distância entre um e outro é preenchida singularmente. Também se incluem nessa posição filósofos, tais como Hans Jonas e seu Princípio Responsabilidade (Jonas, 2006).

O presente livro relata detalhadamente o trabalho desenvolvido durante cinco anos (2006 a 2011) no Centro de Pesquisa sobre o Genoma Humano e Células-tronco (CEGH-CEL) da Universidade de São Paulo (USP), mais especificamente na Clínica de Psicanálise criada a convite da diretora do Centro, a Professora Doutora Mayana Zatz. Serão discutidos os achados, as realizações e os resultados obtidos, como oferecimento ao conhecimento e estudo mais amplo da comunidade científica.

O tema da pesquisa interessa, além dos indivíduos afetados por uma alteração genética, a todos nós, na medida em que evidencia, mesmo sem perceber, que temos a mesma tendência de reagir como aqueles, com sentimentos *prêt-à-porter* às contingências da vida. A sociedade provê sentimentos prontos para vestir, como se fossem mercadorias. Assim, pode-se saber como reagir à morte de um parente próximo, como reconhecer um belo almoço, como escolher um lugar para levar a família em férias e assim por diante.

As ocasiões são muito diferentes, mas há sempre uma palavra pronta que, de tão comum e repetitiva, chega a parecer natural. O impacto se dá quando algo novo surge e não há um sentimento pronto para vestir. É o que ocorre em muitos casos de alteração genética. Por exemplo: uma pessoa recebe um diagnóstico de uma alteração que vai lhe afetar os movimentos em aproximadamente dez anos. Basta isso para que ela já saia da sala mancando da perna e tremendo nos braços. Diante do desconhecido, precipita-se uma forma conhecida de reagir. Ao fazer isso, a pessoa se inflige dois malefícios: piora imediatamente e, possivelmente, acelera o tempo da progressão da doença. Essa questão nos remete ao tema do insulto, trabalhado no texto "Do insulto e do elogio" (Forbes, 1999a). Do latim *sulto, insultare*, a palavra tem a mesma origem de "saltar". Insultar significa "pular em cima", "saltar sobre alguém" (Viaro, 2004). Vem também de *in* + *saltare*: fixar um nome a um objeto (Cunha, 2007, p.440). Insultar seria, então, pôr um nome sobre uma pessoa, etiquetá-la. Pode-se afirmar que o insulto seja um tema de interesse na clínica psicanalítica, já que esta se ocupa das possibilidades da palavra captar o ser.

> Porque quem insulta toca o ser do outro. O prazer de receber um nome pode ser maior que o desprazer provocado pelo qualificativo desse nome. Da mesma maneira que entre a vítima e seu carrasco, há certa cumplicidade entre o insultado e o insultante. A cumplicidade deriva do fato de o insultado ter recebido um nome. (Forbes, 1999a, p.4)

No texto "Do insulto e do elogio" (Forbes, 1999a), são apresentados dois exemplos de insulto: um caso clínico e o de duas pessoas que passaram por campos de concentração. O primeiro é o caso de José, que, na sessão analítica, ao se comparar ao personagem de um filme, alonga-se em sua própria história e diz: "Esta é minha verdade!". A sessão é interrompida nesse ponto e, na seguinte, José quer saber por que o analista o interrompeu. "Porque achei que devia", respondeu o analista. O paciente insiste em entender sobre a interrupção da sessão anterior, e o analista diz: "Você arriscava acreditar excessivamente nisso tudo". Essa mostrou ter sido uma interpretação marcante no tratamento de José.

A experiência clínica mostra que, muitas vezes, até mesmo uma bela história pode se tornar um insulto e fixar o sujeito a um ponto. Assim, o insulto pode ser considerado o oposto da liberdade, mesmo que seja um "bom insulto". Nessa perspectiva, quando um elogio fixa o objeto elogiado em um determinado ponto, ele mata o objeto tanto quanto o insulto. Tendo interrompido a sessão de José e feito aquela interpretação, o analista provocou algo que funcionou como alerta para que ele desconfiasse das boas descobertas a respeito de si. São descobertas que também podem ser insultantes. Com aquela interpretação, o analista de José indicou que, se na análise se adquire um saber, também há algo que deve ser deixado de fora desse saber:

> Daí surge nossa proposta de um matema: no primeiro período, José sabia de sua história, que viera da América Latina, de uma família com dois irmãos. Tinha, então, um saber positivo. Mas como era um saber que não o tocava, era uma verdade negativa. Localizo uma mudança no período entre assistir ao filme "Forrest Gump" até a sessão de análise. Ali, surge um saber positivo e uma verdade positiva. O insulto aparece nesse ponto, o justo saber a respeito de uma pessoa. É falar a verdade, justamente: 'Você é isso'. A interpretação "você arriscava acreditar excessivamente nisso tudo" põe em dúvida esse saber, põe nele um aspecto negativo, limitando-o, mas mantendo o positivo da verdade. Insisto nesse ponto: a interpretação analítica da segunda clínica de Lacan não aponta o ilimitado do saber, como em Freud. Ao contrário, ela marca uma limitação do saber. Observe-se essa mudança notável na psicanálise, hoje em dia. [...] Jacques-Alain Miller chamou essa nova interpretação analítica, que põe limite

à significação, de "interpretação pelo avesso". O analista coloca um basta ao sentido. Na interpretação "você arriscava acreditar excessivamente nisso tudo", há uma limitação: "Chega! Eu não o acompanho nessa história, nas significações que você está procurando". Limitar o saber é um modo de manter a verdade desatada, o que faz com que uma análise vá do saber ao verdadeiro. Faz-se uma disjunção entre saber e verdade ao se dizer que existe uma verdade incômoda a todo saber. (Forbes, 1999a, p.6)

Ainda quanto ao insulto, outro exemplo é o de duas pessoas que viveram em campos de concentração e deram consequências diferentes a esse fato em suas vidas. Primo Levi, que se dedicou à escrita dos horrores daqueles campos, acabou se suicidando (Levi, 1988). Semprun, que se negou a ficar preso no lugar de sobrevivente e de testemunha que mereceria compaixão, não vive dessa memória (Semprun, 1995). É alguém que diz: "Basta de acreditar muito nisso tudo".

Assim, também, o diagnóstico de uma alteração genética pode funcionar para a pessoa como um insulto e fixá-la como queixosa, triste, desinteressada do mundo. Ela piora porque busca o insulto. A tese que o autor deste livro apresenta é que, com o tratamento psicanalítico proposto, a pessoa possa deslocar-se e reinventar sua vida singularmente.

Nessa vertente, foi detectado, na Clínica de Psicanálise do CEGH-CEL da USP, que atende prioritariamente afetados de doenças neuromusculares de origem genética, um vírus social que foi nomeado de RC – as iniciais para resignação e compaixão. Notamos, com grande frequência, que passado um primeiro momento de revolta do paciente, ao ser notificado de algum distúrbio, rapidamente ele vai da raiva à resignação, enquanto sua família passa do choro à compaixão. Essas duas reações são muito valorizadas socialmente: a resignação, porque demonstraria maturidade e saber suportar a dureza da vida, e a compaixão, por ser sinal de profunda virtude amorosa, a de aceitar o outro com sua limitação. Nosso trabalho vai à contravertente do RC.

O que se pretende, por meio da psicanálise, mais especificamente da segunda clínica de Jacques Lacan, a chamada Clínica do Real, é devolver ao paciente o momento surpreendente pelo qual ele passa ao receber uma notícia incompreensível afetivamente e, como afirmou Craig Venter (2008a), fazê-lo responsável pelo que lhe ocorre, levando-o a uma resposta singular e, portanto, criativa. Por isso que, no título da tese que gerou este livro, se afirmou que se pretende desautorizar o sofrimento socialmente padronizado em pacientes afetados por doenças neuromusculares[1]. São duas razões: proporcionar a melhoria imediata de seu estado de saúde e o retardamento do avanço da moléstia. É importante notar que, em um tempo em que a Genética, a qualquer momento, pode descobrir novos tratamentos e curas, retardar o avanço de uma doença pode ser vital para a pessoa.

Na pesquisa realizada, a hipótese é de que os quadros psíquicos lastimáveis, resultantes do conhecimento de uma doença degenerativa incurável, são consequência de uma atitude interpretativa social padronizada da dor, e não da doença em si.

No contexto específico da população pesquisada, composta por portadores de doenças degenerativas, seus familiares e amigos íntimos, nossos objetivos são discutir:

---

1   O título da tese de doutorado é: *Desautorizando o sofrimento socialmente padronizado, em pacientes afetados por doenças neuromusculares*.

- como os pacientes da medicina do futuro, aquela que não diz o que aconteceu ou o que está acontecendo, mas, sim, o que pode ou vai acontecer, podem interpretar a ocorrência do sofrimento humano de uma forma que piora o seu estado atual e futuro; e
- como a psicanálise pode ser um instrumento importante para o tratamento dessas pessoas, restituindo a elas a responsabilidade por suas vidas, tendo como consequência não apenas uma evidente melhora, mas, por causa disso, eventualmente o atraso da progressão da doença, ganhando tempo para que os avanços na pesquisa genética venham, quiçá, a beneficiá-las.

Mais especificamente, são estudados os efeitos que aproximadamente quinze semanas de tratamento psicanalítico podem ter sobre duas populações:
- uma que teve o diagnóstico de portador de doença degenerativa confirmado no CEGH-CEL da USP; e
- outra composta por não portadores de doenças degenerativas, mas que, de algum modo, dada a íntima relação estabelecida (familiar, amorosa ou de amizade) com o portador, poderiam influenciar, direta e estreitamente, o dia a dia do doente.

No Capítulo 2 "O corpo e a dor", serão expostos as doenças degenerativas e o sofrimento psíquico gerado por elas. No Capítulo 3, será demonstrado como se deu o encontro entre Genética e Psicanálise. Em seguida, no Capítulo 4 "Pacientes, familiares e tratamento", explica-se como foi montada a equipe e esclarecem-se os métodos de trabalho e a metodologia da pesquisa.

Assim, serão apresentadas algumas características das doenças degenerativas e de seu tratamento psíquico, pautado na segunda clínica de Jacques Lacan, uma Psicanálise que implica mais do que explica. E também será demonstrado como foi realizado o trabalho com vários outros analistas, em ambiente institucional e não particular.

No Capítulo 5, há depoimentos muito interessantes de pacientes que participam do Projeto Análise na Clínica de Psicanálise do CECH-CEL da USP.

Esse preâmbulo fundamentará a exposição de como foram julgados os acontecimentos clínicos. E, então, no Capítulo 6, serão discutidos os principais fatos a respeito dos sujeitos atendidos, fundamentando, desse modo, os resultados obtidos.

Esses resultados – muito promissores – serão também colocados em pauta, validando a medida na qual os objetivos do estudo foram cumpridos.

2

O CORPO E A DOR

AS DOENÇAS DEGENERATIVAS E O SOFRIMENTO PSÍQUICO GERADO POR ELAS

As doenças neuromusculares englobam um grupo de patologias geneticamente heterogêneas, caracterizadas por uma fraqueza progressiva e irreversível. A herança pode ser autossômica dominante, autossômica recessiva ou ligada ao cromossomo X. Existem formas com início na infância, de progressão rápida, e outras com início na idade adulta, que podem tanto ter evolução rápida como mais lenta. De acordo com a revisão de Zatz (2004) e Zatz et al. (2003), dentre elas, destacam-se as distrofias de Duchenne e Becker, as distrofias tipo cinturas, a distrofia fácio-escápulo-umeral (DFSH) e as doenças causadas por genes dinâmicos.

Distrofias de Duchenne e Becker

A distrofia muscular de Duchenne (DMD), de herança recessiva ligada ao cromossomo X, é a mais comum, com uma incidência de 1 em cada 3.000 nascimentos de sexo masculino. Já a distrofia muscular tipo Becker (DMB), alélica à DMD, é cerca de 10 vezes mais rara. A diferença entre essas duas formas está na idade de início e na velocidade de progressão. Na DMD, os sinais clínicos iniciam-se entre 3 e 5 anos de idade, com quedas frequentes, dificuldades para subir escadas, correr e levantar-se do chão. O confinamento à cadeira de rodas tem início até os 12 anos de idade, e os afetados raramente sobrevivem após a terceira década.

Já na DMB, os sintomas iniciam-se, em geral, na segunda década de vida. Os afetados habitualmente andam, sem maior dificuldade, até aproximadamente os 16 anos, e a velocidade de progressão é extremamente variável. As duas formas são causadas por uma mutação no gene da distrofina, que causa ausência da proteína (na DMD) e um defeito quantitativo ou qualitativo na DMB.

Distrofias tipo cinturas

As distrofias musculares do tipo cinturas (*limb-girdle muscular dystrophies* ou DMC) constituem um grupo heterogêneo de doenças caracterizadas por uma fraqueza proximal das cinturas dos membros (cintura pélvica e escapular) e do tronco, sem comprometimento dos músculos faciais ou da inteligência. Já foram identificados 20 genes responsáveis por esse quadro clínico: sete com herança autossômica dominante e doze com herança autossômica recessiva.

É um exemplo de heterogeneidade genética não alélica, isto é, genes diferentes resultando em um fenótipo semelhante. As formas dominantes são relativamente raras e constituem menos de 10% dos casos, segundo Zatz et al. (2003).

Distrofia fácio-escápulo-umeral (DFSH)

Essa forma de distrofia muscular, de herança autossômica dominante, caracteriza-se por um envolvimento predominante da musculatura facial e da cintura escapular, com uma grande variabilidade inter e intrafamilial. A sua incidência é estimada em cerca de 1 em cada 20.000 nascimentos.

Alguns pacientes têm uma forma de DFSH extremamente leve, que pode se limitar a uma fraqueza na face ou na cintura escapular durante a vida toda, enquanto outros podem ter distrofias que se iniciam na infância e apresentam progressão rápida, com perda precoce da ambulação. Em média, entretanto, a progressão é muito lenta, e a maioria dos pacientes tem uma sobrevida normal.

O defeito molecular consiste em uma deleção de sequências repetidas de 3.3 kb na região subtelomérica do cromossomo 4, em 4q35. Existe uma correlação entre o tamanho da deleção e a severidade do quadro clínico, embora em uma mesma família todos os afetados tenham a mesma deleção.

Doenças causadas por genes dinâmicos

Dentre as doenças degenerativas causadas por genes dinâmicos, as mais prevalentes são as distrofias miotônicas e as ataxias espinocerebelares. A herança é geralmente autossômica dominante e afeta igualmente os dois sexos. Na distrofia miotônica, o quadro é extremamente variável, incluindo formas congênitas graves e até indivíduos que permanecem praticamente assintomáticos durante toda a vida. Já as ataxias espinocerebelares de herança autossômica dominante têm início geralmente na idade adulta.

Essas doenças são caracterizadas pelo fenômeno da antecipação clínica, isto é, início mais precoce e evolução mais rápida em gerações subsequentes. Existe uma correlação entre a gravidade do quadro clínico e o tamanho da expansão de um trinucleotídeo (CTG ou CAG), que pode estar tanto na região não codificadora (distrofia miotônica) como na região codificadora (maioria das ataxias espinocerebelares) dos genes responsáveis. A antecipação clínica ocorre porque existe uma tendência de aumento do número de cópias CTG ou CAG em gerações sucessivas.

O SOFRIMENTO PSÍQUICO
O diagnóstico de uma condição degenerativa, como é o caso de uma doença neuromuscular, tende, de início, a provocar no paciente uma reação de raiva, depressão ou negação do fato, segundo Kalkman et al. (2007). Esses comportamentos subjetivos são usualmente seguidos pela resignação do paciente e pela compaixão da família.

A Tabela A do Apêndice, ao final do livro, apresenta uma descrição resumida das patologias que afetam a população do estudo que fundamenta esta obra.

Como chegar a um denominador comum para o tratamento de sujeitos acometidos por doenças tão diferentes entre si? Trata-se de devolver a eles maior qualidade de vida? Que tratamentos têm sido oferecidos a essas populações?

A VIDA QUALIFICADA E O PRINCÍPIO RESPONSABILIDADE
A pesquisa bibliográfica para o estudo, realizada em sites como *PubMed* e *Bireme*, mostrou algo interessante. Todos os trabalhos que, de alguma forma, associam psicoterapias – *lato sensu* – com doenças neuromusculares mostraram um ponto em comum que diverge fundamentalmente da proposta deste estudo, a saber, a noção de qualidade de vida.

Preferimos, como Agamben (2002), vida qualificada à qualidade de vida. Qualidade de vida é um termo que designa o bom para todo mundo, logo, é forçosamente moralista. As livrarias dos aeroportos estão repletas de manuais de qualidade de vida. Há cardápios para todos os gostos, divididos por idade, sexo, profissão, aptidão, etc. Vale lembrar que o conselho de hoje é o oposto do conselho de amanhã. Se hoje é aconselhável comer um ovo por dia, pois faz a vesícula biliar trabalhar melhor; amanhã dirão para jamais comer dessa forma, pois tal dieta aumentará o colesterol. São bulas reducionistas da experiência humana, prescritas em contraditórios manuais de qualidade de vida e de autoajuda.

Ao contrário da expressão qualidade de vida, na qual o peso está na palavra qualidade, em vida qualificada o mais importante é a vida. Dizer vida qualificada foge à generalização de qualquer tipo: é a própria pessoa que deve definir uma qualidade para a sua vida. Trata-se da singularidade de uma vida qualificada. Essa perspectiva é coerente ao buscado desde o início do estudo, a saber, evitar as soluções genéricas, os sentimentos *prêt-à-porter*.

Clinicar em uma direção ou em outra diferencia as psicoterapias da Psicanálise. Nas psicoterapias, a responsabilidade do bem-estar fica do lado do técnico. Ele sabe, assim como um médico sabe e prescreve, como o paciente está e o que deve fazer. Na Psicanálise, a responsabilidade está do lado do paciente, motivo de se dizer que o psicanalista "implica" a pessoa no seu estar bem ou mal.

Por isso a importância de Hans Jonas e sua fundamental obra *O princípio responsabilidade*. É importante notar que o nome é princípio responsabilidade, e não "da" responsabilidade. Princípio responsabilidade, da mesma forma que dizemos princípio divino ou princípio racional. Para Jonas, necessitamos de uma nova ética calcada no princípio responsabilidade. Em suas palavras:

Com efeito, é uma das condições da ação responsável não se deixar deter por esse tipo de incerteza, assumindo-se, ao contrário, a responsabilidade pelo desconhecido, dado o caráter incerto da esperança; isso é o que chamamos de 'coragem para assumir a responsabilidade'. (Jonas, 2006, p.351)

Distinta da responsabilidade jurídica, a responsabilidade analítica trata do se fazer responsável pelo acaso, pela surpresa, pelo bom ou pelo mau encontro. Muitas coisas acontecem independentemente de nossa intenção ou previsão. Se participamos de um acidente, isso tem consequência. Acidente é aquilo que se acrescenta e, portanto, é um excesso na monotonia da vida.

Na responsabilidade do direito atual, primeiro se é livre e depois, responsável. Já na responsabilidade analítica, primeiro se é responsável e depois, livre. Uma psicanálise, hoje, pode oferecer aos analisandos a possibilidade de estarem prontos para todas as circunstâncias, não tendo medo do encontro e não recuando, mas suportando e se responsabilizando singularmente pelo acaso e pela surpresa que toda circunstância traz.

A Psicanálise que operamos, e que explicaremos mais adiante, baseia-se no princípio responsabilidade frente ao acaso e à surpresa, o que não é evidente à primeira vista. A dificuldade de compreendê-la decorre do fato de estarmos acostumados a nos responsabilizar apenas pelo que conhecemos e que é fruto de nossa ação livre.

Não há uma moral *prêt-à-porter*; a única culpa merecida é a de ceder em seu desejo, é preferir a resposta acomodada à responsabilidade inovadora. É fundamental a lição da psicanálise que diferencia culpa e responsabilidade. O sentimento de culpa praticamente está associado ao não cumprimento daquilo que era esperado: o temor a Deus, à justiça dos homens. Na medida em que o Outro não existe, a culpa perde o sentido. Resta uma responsabilidade sobre o que se quer, que não tem outra garantia a não ser o próprio querer. (Forbes, 1999b, p.19)

Posto isso, vale deixar registrado que, caso haja maior interesse por parte do leitor, além dos textos já mencionados, há outros em que o tema da responsabilidade em Psicanálise é tratado: Forbes, 2000a, 2000b, 2005 e 2009a e Forbes et al., 2005.

O QUE DIZEM OS PESQUISADORES QUE ACREDITAM NA QUALIDADE DE VIDA

No trabalho "Grupo de apoio psicológico: promovendo melhorias na qualidade de vida de familiares de pacientes portadores de distrofia muscular", de Costa e Costa (2007), a perspectiva a favor da qualidade de vida fica clara logo no início: "O presente estudo teve como objetivo promover melhorias na qualidade de vida de familiares de pacientes portadores de distrofia muscular, através de um grupo de apoio psicológico" (p.36), o que repete o título da tese. Mais adiante em Costa e Costa (2007), fica claro o que os autores entendem por tratamento:

> O objetivo é encontrar um nível de ação mais confortável a fim de lidar com os problemas pessoais e sociais que esta (a moléstia) venha a acarretar. A terapia também ajuda a família a encontrar novas opções e tomar decisões baseadas em alternativas viáveis para sentimentos e comportamentos, oferecendo-lhes apoio na conquista da força necessária para assumir a responsabilidade pelas suas decisões e para planejar em conjunto o curso de ações

realistas e pertinentes, que poderão levar a uma vida mais significativa, feliz e produtiva para todos. (Costa e Costa, 2007, p.40-41)

Quem poderia estar contra tal proposta de "levar a uma vida mais significativa, feliz e produtiva para todos"? Ora, ninguém, pois se trata do domínio do bom senso. Aí é que está o problema. O bom senso pensa sobre o que é bom para todos, mas é muito distante do singular de cada um. Nesse campo que nos interessa, o bom senso pensa muito mal. As escolhas, seja de um objeto ou de uma pessoa, parecem estranhas aos olhos dos outros.

Essa estranheza aumenta com a globalização, esta mais propícia às expressões de cada um, já que não há padrões fixos do que fazer, da forma correta de obter prazer, etc. (Forbes, 2008). Não se impõem protocolos de conduta ao paciente; a alegria e o sofrimento são singulares. Viver é se responsabilizar pelas escolhas, do que não seremos poupados por livros de autoajuda nem por oração (Forbes, 2006).

Um exemplo do que se pretende dizer com "bom senso" pode ser encontrado no *British Journal of Medical Psychology*, em um artigo de 1985, de Witte, a respeito das reações do portador da distrofia de Duchenne e de sua família:

> (...) as crianças com Duchenne mostraram significativo isolamento do modo de vida de uma cultura normal. Os pais do grupo terminal mostraram marcada preocupação com os seus filhos, grande *stress* e diminuição de expressões de felicidade. (Witte, 1985)

E como poderia ser diferente? Estamos aí, em pleno mar do lugar comum. Realmente, será que são necessárias pesquisas para descobrir que os pais ficam tristes frente a uma doença terminal de um filho? O artigo continua, dizendo que os portadores da doença pedem maior conhecimento dos pais, e estes, por sua vez, sentindo-se culpados, evitam encarar a doença, causando um conflito familiar.

Basicamente, o que se preconiza como tratamento é que todos os envolvidos no processo terapêutico – o paciente, sua família e os tratadores – se encontrem em uma posição de compreensão mútua sobre seus medos, expectativas e culpas, em uma aliança empática, tranquila e amorosa. De novo, quem poderia estar contra tal proposta? O problema reside no fato de que as singularidades ficam, dessa forma, sem expressão, sem escuta. Isso acontece exatamente porque ninguém pode ir contra uma proposta tão simpática, quase constrangedora, sem parecer um desmancha-prazeres.

Outro trabalho, "Indivíduos com *handicap* físico em psicoterapia: alguns dados empíricos", de Lantican, Birdwell e Harrell, sintetiza a sua proposta de tratamento do seguinte modo:

> O foco da terapia que advogamos para essa clientela, especialmente em uma perspectiva humanística, é identificar e utilizar a força de seus egos e suas competências remanescentes. O corolário dessa abordagem é a transmissão da fé e da crença do terapeuta na capacidade do paciente de se recuperar emocionalmente e continuar a ser uma pessoa em pleno funcionamento apesar de seus *handicaps* físicos. (Lantican et al., 1994, p.82)

Mais uma vez, o fato de aplaudirmos a proposta não nos faz compartilhar das premissas clínicas, pelo contrário.

Ainda que correndo o risco de soar repetitivo, uma vez que não foi encontrado nada muito diferente epistemologicamente na pesquisa bibliográfica feita, vale comentar o texto "Distrofia miotônica: o peso para os pacientes e seus parceiros", de Timman, Tibben e Wintzen, de 2010. Os autores concluem que:

> MD é uma doença grave que inevitavelmente afeta os parceiros dos pacientes. Com o progresso da doença, os pacientes se tornam progressivamente mais dependentes de seus parceiros, tomados no papel de cuidadores. Vários subgrupos em nosso estudo mostraram ansiedade e níveis de depressão [...] Essa observação pode ser explicada pelo aumento da gravidade da doença, o que confirma nossa primeira hipótese que o bem-estar psicológico dos pacientes declina com a severidade da doença. (Timman et al., 2010)

Já pensou se fosse o contrário? Que terrível seria se o referido bem-estar psicológico melhorasse com o progredir da doença! Ninguém o diria abertamente, em todo o caso.

Compreensão, explicação, reforço da autoestima, fé, simpatia, delicadeza, adaptação à nova realidade, ânimo e companheirismo são as palavras de ordem dos artigos consultados. É fácil notar que os estudos que espelham o *mainstream* do que se pratica no mundo (e que são bem acolhidos pelas melhores revistas científicas) vão na linha das honráveis: resignação e compaixão.

Como já anunciado na introdução, a proposta desta pesquisa vai na contramão dessa linha. E qual é a proposta? No capítulo a seguir, começaremos a construir a resposta para essa questão.

3

COMO A PSICANÁLISE ENCONTRA A GENÉTICA

GENÉTICA E PSICANÁLISE: O ENCONTRO

Um elemento comum entre a Genética e a Psicanálise é o silêncio. Pode parecer pouco, mas é fundamental. Essas duas disciplinas se imbricam pelo silêncio. É nesse sentido que a pesquisa foi baseada.

No caso da Genética, há o silêncio entre o genótipo e o fenótipo, ou seja, existe um espaço negro, uma zona de sombra entre a disposição genética e sua consequência no fenótipo. Em nosso primeiro encontro profissional, perguntamos à Dra. Mayana Zatz se ela entendia que existia uma relação biunívoca entre genótipo e fenótipo. Ela nos respondeu de chofre: "Mas quem foi que lhe disse essa asneira?". Pronto, estava selada uma colaboração que seria muito difícil se a resposta fosse contrária.

No caso da Psicanálise, o ponto fundamental é o silêncio da compreensão. "O que nunca tem nome nem nunca terá", como disse o poeta. Na família, o silêncio pode ser uma herança que os pais deixam para os filhos, no sentido da impossibilidade de explicar tudo, de justificar as decisões que, muitas vezes, são arbitrárias. Arbitrariedade, nesse caso, não como usurpação de poder, mas como estrutura humana impossível (Forbes et al., 2005).

A Psicanálise é o tratamento pelo diálogo impossível. Fazer uma análise, ao contrário da *vox populi*, não é saber mais sobre si mesmo, mas, sim, melhor operar o silêncio do saber de si, uma vez esgotadas todas as tentativas de saber mais. Nos silêncios dos avanços da Genética, na inquietação que isso causa, temos um campo novo e fértil de colaboração clínica. A Psicanálise ocupa-se do silêncio da ciência. Quanto maior for o aprimoramento da escuta na ciência, mais ensurdecedor será seu barulho.

A medicina clínica progride e busca tudo ouvir, ver, compreender, sanar, mas o que se verifica é que esse progresso, essa nova escuta, é acompanhado de um novo silêncio. O mal-estar é criativo em novos modos de fazer silêncio. Mesmo com os avanços, o médico clínico não irá se ocupar daquilo com que o psicanalista se ocupa. Essa questão é motivo de interesse desde 1988 (Forbes, 1988*a*).

Vale a pena enumerar, para melhor esclarecimento, os pontos pelos quais a Psicanálise é tão distante da visão leiga. Ela:
- não é behaviorista;
- não realiza testes universais, pois não tem a versão do Um;
- não é uma conversa intelectual;
- não depende, para operar, de alta ou baixa escolaridade;
- não é limitada por aspectos econômicos;
- não é um tratamento infindável;
- não é reducionista;
- não é um saber mais de si, mas a detecção do limite do saber;
- não age pelo bom senso;

- não define a maneira correta de viver;
- não é moralista, mas, sim, ética.

Esses pontos são suficientes para mostrar quão distantes estamos do que dela se propaga popularmente. Para uma visão mais aprofundada dessas questões, sugerimos a leitura dos seguintes textos de Forbes: "Há via" e "Para uma nova bússola", de 1987 e 2011, respectivamente.

O ponto principal de articulação é o silêncio. Um paciente tende a preencher o silêncio de sua incompreensão com o pior, por meio do sentimento *prêt-à-porter*. Um cientista tende a preencher o silêncio de sua incompreensão com a esperança. Um analista busca mostrar que o silêncio, para um e para outro, está na base da invenção responsável que se almeja.

Vejamos dois importantes exemplos, na Genética, de cientistas que abordam o silêncio da forma referida neste livro.

Se tudo dependesse do que está inscrito no DNA, pouca opção sobraria de vida ao homem, mas é na base da vida que está a escolha de cada um, que permite ao indivíduo tomar posse e dizer: "Esta é a minha vida"; e não a vida do DNA, poderíamos acrescentar. Christian de Duve, biólogo belga, Prêmio Nobel de Fisiologia/Medicina em 1974, afirmou, em seu livro *Genética do pecado original*, de 2009, que a transmissão não é feita apenas pelo DNA:

> É importante notar que a rejeição do lamarckismo concerne unicamente à hereditariedade transmitida pelo DNA.
> Os últimos anos viram a descoberta de muitas outras formas de hereditariedade suscetíveis de uma explicação lamarckiana. As membranas biológicas oferecem um exemplo revelador. As membranas celulares crescem por acreção, quer dizer por incor-

poração de componentes novos nas membranas preexistentes. A natureza do constituinte a ser inserido em uma membrana em crescimento depende da estrutura dessa. Assim, uma membrana modificada pelo uso poderia induzir a inserção de um constituinte diferente e modificar a estrutura do material que lhe é acrescentado. Esse material poderia, pelo mesmo mecanismo, transmitir essa modificação à prole, tendo como consequência a hereditariedade de uma característica adquirida pelo modo lamarckiano. (Duve, 2009, p.112-3) [tradução nossa]

Fenômenos como esse têm sido classificados no capítulo da epigenética: "Termo que designa um certo número de características hereditárias que não estão inscritas nas sequências do DNA, mas que o acompanham nas células germinais e influenciam os acontecimentos no ovo fecundado" (Scott e Collins, 1973; Duve, 2009).

O eminente biólogo britânico Denis Noble, opositor das teses reducionistas de seu conterrâneo Richard Dawkins, tem a mesma orientação de Duve. Para Noble, os genes não podem ser tomados isoladamente, mas devem ser compreendidos como integrantes de um sistema múltiplo, como na gaita de foles. Em seu livro de 2006, *A música da vida*, ele também põe em suspensão a dicotomia maniqueísta Darwin *versus* Lamarck: "É uma ideia consagrada que Darwin e Lamarck se opuseram sobre os mecanismos da hereditariedade. A verdade é que nem um nem outro tinham a menor ideia desses mecanismos." (Noble, 2007)

Noble raciocina articulando herança genética com epigenética: "A seleção natural do código genético da linhagem germinal determina o modo harmônico (maior ou menor), enquanto a herança epigenética de cada tipo celular determina a partição que ele toca".

A presença entre os biólogos que se ocupam, na Genética, desse pensamento não determinista, do tipo "se A, logo Z", abre uma importante área de pesquisa clínica. É o que sustenta, por exemplo, o fato de que dois gêmeos univitelinos reajam tão diferentemente a uma mesma alteração em seus genes. Um deixa de andar aos 15 anos, enquanto o outro passa a mancar um pouco aos 25. Entre a alteração do gene e a expressão gênica, é estabelecido um território de ação clínica para a Psicanálise. É o que esta obra quer demonstrar.

A CLÍNICA QUE PRATICAMOS

A Psicanálise e a Genética encontram-se no silêncio do tudo saber. Nem a Genética vai acabar com a subjetividade humana, como alguns pensaram, nem a Psicanálise é capaz de garantir a ação de uma pessoa sustentada em conhecimento pleno dela mesma.

Epistemologicamente se pode dizer que são ciências do incompleto, aludindo ao teorema da incompletude de Kurt Gödel, que, em 1932, provou que o conhecimento científico dedutivo seria sempre incompleto por não conseguir eliminar o que chamou de "sentenças indecidíveis", aquelas que podem ser verdadeiras independentemente de uma prova. Gödel descobriu que nem toda verdade pode ser deduzida em um sistema axiomático. Um outro trabalho, anterior a este, auxiliará na compreensão deste ponto:

> Frente a sentenças que lhe são referidas, tenta nova axiomática; ao mudá-la - inclui uma e sobra outra - a continuidade do processo leva a constatar que sempre haverá sentenças que não decorrem da axiomática estabelecida, qualquer que seja ela. [...] O conhecimento não só não é algo sistematizável no momento, mas, sobretudo, nunca o será. Quanto mais complexo o

sistema, mais se constatará a presença da sentença indecidível. (Forbes, 1988b, p.5)

Tal citação refere-se ao fato de que, por melhor cadeia de provas que se possa estabelecer na definição da verdade de uma sentença, sempre haverá uma sentença que mostra o fracasso da formalização (Forbes, 1988b).

Para Gödel, encontra-se a incompletude na completude. Sua demonstração, portanto, interessa por dois motivos: a) apontar para o fato de que existem sentenças verdadeiras não axiomatizáveis; b) revelar que não se trata de pensar que gerando novos axiomas passa a ser possível deduzir essas verdades. Para nós, a decisão de uma verdade além do axioma, ao qual chamamos "fantasma", que é uma ficção, denomina-se ato analítico; uma "fixão" no real, no dizer de Lacan. É o ponto em que a ficção se fixa:

> Recorrer ao não todo, aos impasses da lógica, é o que tentei explicitar através dos impasses da demonstração axiomática e o teorema da incompletude de Gödel. Há que se decidir no indecidível, escapando das ficções da mundanidade, dos números repetitivos do romance familiar. Do possível, enquanto aquilo que se interpreta, que pode se escrever, há que se destacar uma outra fixão do real: isto é, do impossível que o toma pela estrutura da linguagem, e que, ao fazê-lo, despacha os mitos com os quais ele, ordinariamente, se supre. Na fixão do real, o número é destituído de significado. Torna-se só um indicador de um lugar numa série com sequência. – 'Agora você, o próximo!'. (Forbes, 1990, p.71)

Na exposição de Gödel, é possível encontrar elementos para compreender por que Lacan, que diferencia o sintoma decifrável do não decifrável, conclui que só resta à pessoa se orientar por seu sintoma sem sentido e, portanto, indecifrável. A Psicanálise passou por uma revolução nos últimos vinte anos, coerente à mudança do laço social que a globalização promoveu. De sua perspectiva clássica de revelação do inconsciente, ela reorientou-se em relação a como agir no limite dessa revelação.

Quando nos referimos à Psicanálise, é importante precisar nossa orientação, dada a multiplicidade de correntes oriundas de seu fundador, Sigmund Freud.

Posicionamo-nos na leitura lacaniana de Freud. Em poucas linhas, o ensino de Jacques Lacan se dá de 1953 a 1981, ano de sua morte. É possível dividi-lo em dois grandes momentos: a primeira e a segunda clínica.

A primeira clínica, que se estende de 1953 até por volta dos anos 1970, caracteriza-se pelo que Lacan chamou de "retorno a Freud". Retorno porque, à época, Lacan entendeu que os primeiros discípulos haviam desvirtuado a Psicanálise, transformando-a em seu oposto, em um método adaptativo à realidade.

Foi então que Lacan criou o conceito de "inconsciente estruturado como uma linguagem". Tal conceito abriu quase um abismo na clínica psicanalítica entre os que "sentiam" o que o paciente gostaria de dizer, mas não conseguia, por medo de suas fantasias primitivas e atemorizantes, uma vez que concebiam o inconsciente como uma caixa de fantasias, e os que "escutavam" o que o paciente dizia, na associação livre – ou na cadeia de significantes, como Lacan preferia, por ser mais preciso. "Sentir" o que o paciente gostaria de dizer, mas não conseguia, foi muito criticado por Lacan, pois leva o paciente a se identificar com o analista.

No texto "A instância da letra no inconsciente ou a razão desde Freud", apresentado em 1957, Lacan critica a noção de que o inconsciente seria uma caixa de fantasias, escrevendo: "Desde a origem, desconheceu-se o papel constitutivo do significante no *status* que Freud fixou de imediato para o inconsciente, e segundo as mais precisas modalidades formais" (Lacan, 1998*b*). Do significante, não das fantasias.

A primeira clínica é baseada na leitura estrutural do conceito freudiano complexo de Édipo. Sempre resumidamente, isso quer dizer que o Édipo, como se diz corriqueiramente, é uma matriz significativa baseada na proeminência do pai, que deve ser entendido metaforicamente. Parte-se da ideia de que ao ser humano sempre falta um conhecimento para sustentar suas escolhas. Não é como os animais, nos quais o instinto estabelece que não haja qualquer mal-entendido. Angustiado, caberiam, ao ser humano, três possibilidades:

- negociar com o senhor da significação, o Pai, e estabelecer uma relação de compromisso entre o que gostaria e o que lhe é possível obter. A pessoa, ao fazer isso, deve "recalcar" – nome técnico – o seu desejo. Esse mecanismo é a base da neurose;
- recusar essa negociação com o Pai e gerar uma significação paralela que lhe seria mais a contento, uma vez que não há perda. É o que ocorre na perversão;
- não se entender com o Pai e, por conseguinte, ser excluído do mundo da significação. É o que ocorre nas psicoses.

O complexo de Édipo pode ser pensado como um *software* de computador que faz a ligação entre o usuário e a máquina. No caso, a estrutura edípica faria a ligação entre o homem e o mundo (entendido como a civilização). Entretanto, os *softwares* atuais envelhecem no espaço de um ano, quando muito, enquanto o *software* freudiano foi válido por todo o século XX (Forbes, 2010).

Pela chave edípica, aprendemos a compreender o comportamento de uma pessoa, do nascimento à morte, passando pela infância, adolescência, maturidade e velhice, assim como as formas de educar, amar e trabalhar. O sucesso do modelo edípico se deu, e assim o compreendemos e escrevemos a respeito, pelo fato de ser coerente com o modelo do laço social estabelecido na modernidade, ou no Iluminismo (Forbes et al., 2005). O laço social na modernidade organizava-se em referência a padrões maiores, gerando uma distribuição piramidal e vertical da sociedade em torno, exatamente, desses padrões.

> Nosso mundo organizava-se por um eixo vertical das identificações - um homem queria ser igual a seu pai, ou a seu superior no trabalho, por exemplo. Padrões ideais orientavam as formas de satisfação, de amor, de trabalho, de aproximação e separação, de ter e educar filhos, de fazer política. Havia uma predeterminação de modelos no mundo vertical. (Forbes et al., 2005, p.5)

A estrutura edípica foi uma fotografia feliz dessa situação, a ponto de se chegar a confundir a fotografia com o fotografado. Ainda hoje, para muitos, parece que o ser humano é naturalmente edípico. Muito do que tem sido dito sobre Psicanálise ainda está no registro da compreensão ancorada no complexo de Édipo. Todavia, considerar o real impede uma derrapagem no conhecimento desbussolado atual e serve para não cairmos em um relativismo cínico, como apresentado no livro *A invenção do futuro* (Forbes et al., 2005).

Nas últimas décadas do século XX, a pós-modernidade começa com a quebra do padrão vertical de organização do laço social, representada no complexo de Édipo. Padrão esse que resistiu por muitos séculos, dos gregos até o presente. Luc Ferry ordena essa história, em seu livro *La révolution de l'amour: Pour une spiritualité laïque*, de 2010, em cinco momentos (Ferry, 2010).

Primeiro, no tempo dos gregos, o homem organizava-se em relação à natureza, que se constituía como um padrão pré-definido e estável, orientador da ação humana. Em seguida, em um segundo tempo, a ordem natural foi substituída pela ordem divina, pela ética teológica, que passou a ditar o que e como se deveria viver. Assim foi até os séculos XVII e XVIII, um terceiro tempo, quando os iluministas substituíram o Deus pela razão. Se seu Deus lhe mandar fazer algo e a razão exigir-lhe o contrário, siga a sua razão: é o que está na base do manifesto iluminista de Kant.

O Iluminismo dirigiu o homem ocidental até bem pouco tempo. O barco do Iluminismo começa a fazer água em um quarto tempo, durante o século XX, o século chamado da desconstrução: desconstrução de qualquer ideal, de qualquer padrão. Três autores estão em sua base: Marx, Freud e Nietzsche. Finalmente, hoje estaríamos no quinto tempo, fruto da mais importante revolução do laço social que o homem já sofreu. Tempo da pós-modernidade, no qual, pela primeira vez em nossa história, não nos organizamos mais verticalmente (natureza, Deus, razão), mas, sim, horizontalmente.

É para esse tempo que Ferry propõe, como transcendência, não algo maior que o homem ou fora dele, mas ao contrário: a transcendência seria decorrente do ponto em si mesmo – logo, imanente – de ignorância inexorável, de silêncio das significações; uma transcendência da imanência. A Psicanálise de Lacan acompanha esse movimento de passagem da transcendência da razão, edípica (primeira clínica), para a transcendência da imanência, pós-edípica (segunda clínica).

O trabalho analítico não é o mesmo. Se, na primeira, a mais conhecida, o trabalho era caracterizado por interpretar o não sabido, passível de ser transformado pela significação; na segunda, o trabalho caracteriza-se pelo enfrentamento a um não sabido radical, pela mudança necessária na pessoa quanto à sua expectativa de guiar sua própria vida pelo clássico: primeiro pensa, depois age. Se há um furo inexorável na razão, não existe, a partir daí, nenhum agir que seja totalmente justificado na razão e, por conseguinte, nenhum agir sem risco. Por isso, como foi dito anteriormente, passamos do "Freud explica" para o "Freud implica".

O trabalho do analista passa a ser o de dar consequência ao que o paciente diz, mais do que esperança em um ilusório conhecimento escondido de felicidade. Isso ficará mais claro com o exemplo clínico citado no capítulo seis deste trabalho. A segunda clínica de Lacan é o melhor método para tratar a emoção dos pacientes afetados por alterações genéticas, pela coincidência epistemológica já realçada aqui: por mais que o conhecimento avance, uma sombra de desconhecimento o acompanha, e é nela, por vestirem essa sombra com expressões de sofrimento *prêt-à-porter*, que as pessoas adoecem.

Bem melhor que curativos ilusórios de resignação compadecida, é mais crível a cura pela invenção de soluções singulares e a decorrente responsabilidade do paciente por essas soluções. Esta é a clínica que temos praticado.

MONTAGEM DE EQUIPE E MODO DE TRABALHO

Desde que começou o trabalho de atendimento psicanalítico no Centro de Pesquisa sobre o Genoma Humano e Células-tronco (CEGH-CEL) da USP, foi estabelecido um método de trabalho inovador em relação à tradição psicanalítica, que tem respondido bem aos propósitos descritos na pesquisa.

O atendimento ocorre como explicado a seguir.

Indicação da consulta

A maior parte das pessoas chega à Clínica de Psicanálise indicada pelo serviço de Clínica Médica do próprio CEGH-CEL. Outros vêm por indicação dos profissionais da Associação Brasileira de Distrofia Muscular (ABDIM), que mantém um trabalho associado ao CEGH-CEL. De ambos os lugares, a maioria desses pacientes é afetada por alguma modificação genética causadora de alteração neuromuscular, ou, em menor número, por seus familiares. Menos frequentemente, uma pessoa procura diretamente a clínica por conhecimento próprio ou indicação de terceiros. A escolha dos pacientes e a razão das indicações não dependem dos psicanalistas: estes não filtram as pessoas indicadas e recebem todos que os procuram. De tempos em tempos, os psicanalistas convidam colegas das outras áreas de atendimento para uma exposição do andamento do trabalho, tanto da parte teórica quanto da clínica.

Primeira consulta

Toda primeira consulta é realizada, com hora marcada, por Jorge Forbes e na presença de Mayana Zatz. Essa consulta é acompanhada, em tempo real, por meio de circuito interno de televisão, pelos membros da equipe (em torno de quinze pessoas) reunidos em sala ao lado. O paciente tem conhecimento desse procedimento, que é inspirado na apresentação de pacientes que Jacques Lacan realizou, por muito tempo, no Hospital Sainte-Anne, em Paris. Jacques-Alain Miller, que participava das apresentações de Lacan, descreve e comenta sobre esse procedimento (Miller, 1977). Uma apresentação psicanalítica, nesses termos, é um tratamento, não uma exposição.

Discussão do caso

O objetivo da primeira consulta – ou primeiras consultas, pois ela pode ser duplicada ou até mesmo triplicada, o que é mais raro – é detectar um plano de incisão do real sobre o simbólico, como o que ocorre em uma cirurgia, quando o cirurgião escolhe meticulosamente o caminho que deve percorrer o bisturi. No caso da Psicanálise, o bisturi é o real que incompleta as amarrações simbólicas aqui chamadas de *prêt-à-porter*. Lacan trabalhou os registros do real, do simbólico e do imaginário ao longo de seu ensino, e um de seus últimos seminários tem o nome RSI, sigla desses registros. Esse ponto de incisão real é o principal aspecto discutido na reunião que se dá com a equipe, logo após o atendimento. Ali, faz-se um exercício de inteligência coletiva, no qual se depura o que ocorreu e o que foi possível avançar clinicamente. Se uma conclusão é obtida e fica clara a todos, o caso é encaminhado a um dos psicanalistas ali presentes, que assume o atendimento a um ritmo médio de uma consulta por semana – raramente menos, algumas vezes mais.

Acompanhamento do atendimento

Um psicanalista não dirige o paciente, mas dirige a análise. Essa máxima é de Lacan (1998c), de sua obra *A direção do tratamento e os princípios de seu poder*:

> O psicanalista certamente dirige o tratamento. O primeiro princípio desse tratamento, o que lhe é soletrado logo de saída, que ele encontra por toda parte em sua formação, a ponto de ficar por ele impregnado, é o de que não deve de modo algum dirigir o paciente. (p.592)

Pois é o que ali se busca. A partir do referido plano de incisão analítica determinado na primeira consulta e com base na forma como se deram as participações na discussão, escolhe-se a pessoa que vai dar continuidade ao atendimento pelas quinze semanas seguintes. Participa dessa escolha um grupo variado dos presentes, mas que sempre conta com Mayana Zatz e Jorge Forbes, o coordenador da clínica e o coordenador do projeto. Notável nunca terem ocorrido problemas nessa escolha por nenhuma das partes, tanto da que escolhe como do escolhido. Após quinze semanas, o andamento do tratamento é avaliado no mesmo formato da primeira consulta, podendo continuar por mais quinze semanas e assim sucessivamente. Cabe também lembrar que, tanto na primeira consulta quanto nas de avaliação, uma exposição prévia do caso é feita ao conjunto dos participantes, abrangendo todos os aspectos clínicos, não somente os emocionais.

Posto isso, é correto afirmar que a forma de trabalho que vem sendo desenvolvida na clínica tem ensinado a todos os profissionais envolvidos aspectos que questionam certos lugares comuns da tradição psicanalítica. Dentre eles, destacam-se: o atendimento em instituição pública; o não pagamento das sessões; e, muito especialmente, a passagem do atendimento de um responsável a outro sem que ocorra prejuízo clínico.

Esse último aspecto já foi discutido em outros âmbitos mais especificamente psicanalíticos, como nas Jornadas de Estudo da Escola da Causa Freudiana, em Paris, e no IX Congresso da Escola Brasileira de Psicanálise, que discutiu "Os limites do simbólico frente à experiência analítica" (Forbes, 2007/2008; 2011).

Nessas ocasiões, foi desenvolvida a ideia de que a transferência, instituída por Freud como o motor da análise, na segunda clínica de Lacan, por ser esta prioritariamente da ordem do real e não do simbólico, como na primeira, é o que franqueia a possibilidade de atendimento por mais de uma pessoa (Levy et al., 2007). Apesar da importância dessas noções analíticas, essa discussão extrapola o escopo da proposta deste trabalho. Passemos, agora, aos resultados clínicos obtidos.

OS SUJEITOS DA PESQUISA

Os sujeitos analisados constituem a população atendida na Clínica de Psicanálise do CEGH-CEL durante quase cinco anos, mais especificamente, de agosto de 2006 a dezembro de 2010. Trata-se de um grupo composto por 78 pessoas, das quais 64 completaram o período inicial de tratamento, como se vê na Tabela 1.

TABELA 1. TOTAL DA POPULAÇÃO A QUEM FOI OFERECIDA A OPORTUNIDADE DE SE BENEFICIAR DE UMA PSICANÁLISE

Pacientes que realizaram e concluíram o período inicial de tratamento	64	82,05%
Pacientes em tratamento aguardando retorno (não incluídos neste estudo)	04	5,13%
Pacientes que, após terem realizado a primeira entrevista, não aceitaram a oferta de empreender tratamento	07	8,97%
Pacientes entrevistados que não precisaram prosseguir com o tratamento	03	3,85%
Total	78	100%

Postos os dados, cumpre esclarecer alguns pontos.

Dos 64 pacientes que terminaram o período inicial do tratamento, nove desistiram antes de realizar a entrevista final de retorno, passadas quinze semanas. Na avaliação do profissional que os atendia, essa desistência decorreu do fato de que os pacientes acreditavam não estar obtendo os benefícios esperados do tratamento. Assim, este grupo foi considerado como aquele que não demonstrou mudança.

A existência de quatro pacientes que estão aguardando retorno deve-se ao fato de que, no momento da finalização da tese, ainda não tinham sido completadas as 15 semanas de tratamento padrão oferecido para o total da população.

Os sete pacientes que, após a entrevista, não aceitaram a oportunidade de se beneficiar de uma Psicanálise alegaram motivos variados para isso, como: indisponibilidade de horário por conta de compromissos profissionais; local de residência muito distante da USP; não ter com quem deixar o filho, no caso de pai e mãe de parente afetado; e falta de condições financeiras para arcar com o deslocamento semanal até a universidade.

Os três pacientes mencionados como aqueles que não mostraram necessidade de prosseguir com o tratamento são os poucos que, em face à notícia de serem portadores de uma doença degenerativa, encontraram, espontaneamente, maneiras satisfatórias de lidar com a notícia.

Desse modo, a população final analisada foi formada por 64 pacientes que podem ser divididos em dois grandes grupos, como se vê na Tabela 2.

TABELA 2. DISTRIBUIÇÃO DA POPULAÇÃO COM RELAÇÃO AO FATO DE SER PORTADOR DE DOENÇA DEGENERATIVA

Tipo de paciente	N° absoluto	N° percentual
Grupo 1: portadores de doenças degenerativas	42	65,62%
Grupo 2: pessoas que se relacionam com portadores de doença degenerativa	22	34,38%
Total	64	100%

Examinando a Tabela 2, vê-se que o grupo 1, composto por 42 pessoas, consiste em portadores de doenças degenerativas que, no momento de seu contato rotineiro com o médico clínico do

CEGH-CEL da USP, seja para obter confirmação de diagnóstico, seja para uma consulta de rotina, exibiram sintomas que, por terem levantado preocupação em quem realizou o atendimento, motivaram o encaminhamento para o atendimento psicanalítico. A Tabela 3 sistematiza a distribuição de patologias que afetam o grupo 1. É importante esclarecer que a distribuição de patologias que afetam a população é desigual porque ela não foi composta por critérios artificiais, mas, sim, pela necessidade espontaneamente gerada no momento do contato do paciente com o CEGH-CEL da USP ou da ABDIM.

TABELA 3. COMPOSIÇÃO DO GRUPO 1 COM RELAÇÃO À PATOLOGIA QUE AFETA O PACIENTE

Tipo de distrofia	N° absoluto	N° percentual
Distrofia miotônica de Steinert	10	23,81%
Ataxia espinocerebelar	09	21,43%
Distrofia muscular do tipo cinturas	07	16,67%
Distrofia muscular do tipo fácio-escápulo-umeral	06	14,29%
Charcot-Marie-Tooth	02	4,76%
Distrofia muscular progressiva do tipo Duchenne	02	4,76%
Atrofia espinhal progressiva	02	4,76%
Distrofia muscular progressiva do tipo Becker	01	2,38%
Ataxia de Friedreich	01	2,38%
Doença do neurônio motor	01	2,38%
Miopatia congênita	01	2,38%
Total	**42**	**100%**

O grupo 2, por sua vez, é formado por 22 pessoas que, de algum modo, tinham presença importante na vida dos portadores de doenças degenerativas. Trata-se tanto das pessoas que, ao perceberem suas dificuldades em lidar com o portador de doença degenerativa, decidiram pedir ajuda, quanto daquelas que ti-

veram suas dificuldades percebidas por terceiros, quando, por exemplo, começaram a desenvolver um comportamento agressivo com o paciente em público, deixaram de auxiliá-los a comparecer nos tratamentos, deixaram de alimentá-los, etc.
A Tabela 4 especifica o tipo de relação estabelecida com o paciente.

TABELA 4. COMPOSIÇÃO DO GRUPO 2 - TIPO DE RELAÇÃO COM O PORTADOR DE DOENÇA DEGENERATIVA

Tipo de relação	N° absoluto	N° percentual
Maternidade	15	68,18%
Paternidade	03	13,64%
Relação afetiva (namorado)	02	9,09%
Fraternidade (irmão)	01	4,55%
Casamento (esposa)	01	4,55%
Total	22	100%

Tendo concluído a exposição inicial a respeito da composição da população, cumpre esclarecer alguns de seus traços:
- Faixa etária: o paciente mais novo tinha 16 anos e a mais velha, 63, sendo que a maioria dos atendidos se encontrava na faixa compreendida entre 30 e 40 anos.
- Classe social: as entrevistas iniciais e finais são realizadas na segunda-feira, dia que o CEGH-CEL da USP reserva para o atendimento gratuito dos sujeitos que, na avaliação dos assistentes sociais ligados à Universidade, não têm condições de pagar pelos exames genéticos. Coincidentemente, também se atende uma população na qual os sujeitos com condições sociais desfavorecidas, reveladas por meio de depoimento

informal nas primeiras sessões de análise, representam 90% do total.
- Distribuição por gênero: a população foi composta por 62,5% de mulheres e 37,5% de homens (Tabela 5).

TABELA 5. DISTRIBUIÇÃO DA POPULAÇÃO EM RELAÇÃO AO GÊNERO

Gênero	Número	Percentual
Feminino	40	62,5%
Masculino	24	37,5%
Total	64	100%

- Grau de escolaridade: provavelmente em uma correlação clara com as condições socioeconômicas, apenas quatro pacientes completaram o ensino superior. Curiosamente, três eram dentistas e um, assistente social. A mostra é também composta por uma estudante de biologia e por uma paciente que, por efeito do tratamento, passou a cursar o ensino superior (curso de assistência social). A maioria da população concluiu o ensino fundamental I (antigo ginásio).

Posto que se trata de uma população essencialmente heterogênea, cumpre perguntar o que essas pessoas têm em comum, a ponto de ser possível caracterizá-las em um grupo de trabalho único. Não obstante suas diferenças, é possível uni-las porque se trata de um grande número de sujeitos que, tendo sido incapazes de considerar a distrofia como mais um detalhe da vida, se agarraram à doença degenerativa que, a partir deste momento, passa a funcionar como a matriz explicativa para tudo o que rateava em suas vidas.

Posto que este estudo foi produzido no contexto específico de devolver aos portadores de doenças degenerativas – e às pessoas que se relacionam com eles – a sensação responsável de ser feliz por estar vivo, perdida por ocasião do surgimento da doença, cabe esclarecer os contornos do sofrimento psíquico que nos permitiram inferir a perda dessa sensação.

A Tabela 6 sistematiza as queixas, não diretamente relacionada às doenças degenerativas, mais frequentemente expressas pelos envolvidos: os profissionais que costumam encaminhar os pacientes para o tratamento psicanalítico (em especial, mas não exclusivamente, os médicos neurologistas), os pacientes propriamente ditos, seus familiares e amigos e, por fim, o próprio psicanalista, que, para exercer seu ofício, se vê confrontado com aspectos que não costumam estar presentes no cotidiano do seu consultório, no qual os pacientes geralmente não têm problemas acentuados de locomoção.

TABELA 6. QUEIXAS MAIS COMUMENTE ASSOCIADAS AO INÍCIO DO TRATAMENTO PSICANALÍTICO

Por parte de quem encaminha	Por parte do paciente	Por parte dos familiares	Por parte do psicanalista
• Comportamento depressivo • Crises de choro • Falta de adesão aos tratamentos • Sensação de que a pessoa vai ruir, tornar-se vítima de um esgotamento nervoso	• Sensação de merecer a doença, enviada como consequência de suas faltas imaginárias • Sensação de ser uma vítima inocente de um "deus malvado" que distribui as mazelas • Tendência a fazer do organismo o centro da existência	• Desistência do amor e das amizades • Ócio, desistência do trabalho e dos estudos • Impaciência e agressividade do familiar com o doente	• Indisponibilidade do cuidador para acompanhar o doente que necessita de ajuda para se locomover • Problemas com o sistema de transporte, que deixa de oferecer a vaga

(continua)

Por parte de quem encaminha	Por parte do paciente	Por parte dos familiares	Por parte do psicanalista
• Aparente descaso do cuidador para com o doente	• Falta de alegria de viver, apatia, desinteresse pelo que antes interessava • Sensação de ter a morte como parceira, presente e/ou almejada • Ausência de vida sexual • Vergonha do próprio corpo	• Adesão ao álcool e às drogas • Agressividade do doente com o familiar • Chatice • Manipulação do cuidador por parte do doente	• Necessidade de hospitalização ou repouso que impede o comparecimento às sessões

Ao longo deste trabalho, foram pontuados diversos aspectos ligados ao modo como o psicanalista opera para enfrentar esses tipos de queixas. Tais aspectos podem ser resumidos na seguinte série de posições:

- não compactuando com sua desistência de viver;
- não atendendo sua expectativa de compaixão;
- não os compreendendo a partir do imaginário social;
- não operando no nível do senso comum da linguagem cotidiana;
- não cedendo frente à angústia eventualmente gerada pela dureza da doença.

Dito de outro modo, não se preenchendo com palavras a angústia que o paciente procura tamponar por meio da adesão ao sofrimento *prêt-à-porter*. Outra maneira de nomear o traço que une a população cuja evolução foi tomada como objeto de análise é dizer que se trata daqueles sujeitos junto a quem reno-

vamos, a cada sessão, o trabalho analítico necessário para que um portador de doença degenerativa ou pessoa diretamente ligada a ela possa:
- identificar-se com outros traços, diversos ao de sua doença ou da doença de seu familiar ou amigo;
- responsabilizar-se por suas circunstâncias, desistindo de gerar teorias explicativas a respeito das causas místicas que teriam dado origem à doença degenerativa;
- suportar a angústia do novo – no caso, a doença – e, a partir do silêncio gerado nesse momento, poder inventar modos mais criativos de viver do que aqueles ligados ao sofrimento *prêt-à-porter*.

MATERIAIS E MÉTODOS UTILIZADOS PARA A COLETA DE DADOS

O material utilizado para o estudo foi coletado após a total anuência dos pacientes e, quando foi o caso, de seu responsável legal. Um advogado ligado à equipe encarregou-se de explicar a cada paciente os procedimentos e suas implicações legais e de obter sua assinatura em um termo de autorização. Assim, a pesquisa foi realizada por meio da análise do seguinte material:

1. Gravações em vídeo das entrevistas psicanalíticas iniciais realizadas com 78 pacientes.
2. Gravações em vídeo das entrevistas finais realizadas com 55 pacientes. Com relação à variação numérica, a composição da população já foi esclarecida na Tabela 1 e na explicação imediatamente subsequente a ela.
3. Gravações em áudio das reuniões clínicas nas quais foram discutidos, individualmente, os 78 casos.
4. Relatórios redigidos pelos 17 psicanalistas que se revezaram no atendimento dos 78 pacientes.

5. Preenchimento de um instrumento especificamente idealizado para comparar a evolução dos pacientes, que será alvo de explicações mais detalhadas na sequência.

O total das gravações em vídeo e áudio foi de 138 horas. Com relação aos relatórios produzidos pelos psicanalistas responsáveis pela execução das quinze sessões com cada um dos pacientes, foi utilizado um "Formulário para preparação da entrevista de retorno". Neste, após o campo dedicado à identificação e à qualificação do paciente, encontram-se espaços em branco destinados ao registro de dois itens: a primeira entrevista – que, vale lembrar, é sempre realizada por Jorge Forbes e por sua orientadora, Mayana Zatz – e o desenrolar da análise.

Segue, então, a descrição dos dois registros.

Registro da primeira entrevista

1. Anamnese (histórico familiar e pessoal): campo destinado ao registro dos dados objetivos da vida do paciente, tais como procedência, posição na família de origem, evolução da vida cotidiana, etc.
2. Sinopse da história relatada pelo paciente, com destaque para os principais significantes: campo destinado ao registro do modo como o paciente "imaginariza" e simboliza o curso de sua vida por meio das palavras.
3. Posição do paciente frente à doença degenerativa: campo destinado a discorrer a respeito da interpretação atual da pessoa com relação ao diagnóstico recebido.
4. Diagnóstico e prognóstico: campo no qual se registra o diagnóstico psicanalítico do caso (p. ex., neurose histérica, neurose obsessiva, psicose de variados tipos) e, a partir da avaliação

de sua gravidade, é traçado o prognóstico com relação à evolução da análise.

5. Direção do tratamento: campo destinado a explicitar qual a direção da análise pactuada durante a discussão clínica realizada com a equipe ampliada e a discorrer a respeito das manobras realizadas para traçá-la.

Registro do andamento da análise

1. Sinopse do andamento da análise: campo destinado a registrar o andamento da análise realizada pelo colaborador, com destaque para os pontos de virada (sonhos, retificação subjetiva, alteração dos sintomas, mudança de hábitos, amores, etc.).
2. Comentário clínico sobre a possível modificação do gozo do sujeito: campo destinado a registrar se o paciente pode ou não modificar sua posição frente ao impacto que sofreu quando soube de sua doença.
3. Sucessos e impasses vividos e sugestões para o encaminhamento da entrevista de retorno: campo destinado a orientar a entrevista de retorno, em especial, mas não exclusivamente, a respeito dos modos de encaminhar a análise em andamento.
4. Comentários livres do analista: campo destinado aos elementos que, no julgamento do analista, eram importantes para a compreensão do caso, mas não haviam sido contemplados nos itens precedentes.

DISPOSITIVOS PARA A COLETA DE DADOS

Tradicionalmente, os tratamentos psicanalíticos são avaliados um a um, na sua singularidade, sem que haja tentativa de objetivar os dados obtidos ao longo do percurso. Assim, a primeira grande dificuldade que surgiu na sistematização dos dados coletados foi a inexistência de testes para mensurar os efeitos de uma análise que tivessem sido validados por pesquisas anteriores.

Por esse motivo, foi decidido que, em vez de utilizar instrumentos de outras áreas, não adequados para registrar os efeitos obtidos por meio da aplicação de nossa clínica do Real, seria mais adequado tentar criar um dispositivo pensado especificamente para o contexto da pesquisa.

O ponto de partida foi a proposta de Bertolucci e Nitrini (2003), concebida originariamente no contexto da avaliação das terapias para as demências, em particular para a doença de Alzheimer. Foi usada como referência uma versão brasileira (ADCS-CIGIC), concebida pelos autores, de uma escala de impressão clínica de mudança (CIGIC) baseada nas informações fornecidas pelo informante durante a consulta e, se necessário, em breves testes de cognição.

A proposta de Bertolucci e Nitrini é composta por quatro categorias principais para avaliação: geral, estado mental/cognitivo, comportamento e atividades da vida diária, sendo cada uma delas dividida em diferentes domínios. Consiste em instrumentos para aferimento da evolução do curso da doença antes e depois do tratamento, resultando em um escore feito a partir de uma escala com a seguinte graduação: 1 - melhora marcada; 2 - melhora moderada; 3 - melhora mínima; 4 - sem mudança; 5 - piora mínima; 6 - piora moderada; e 7 - piora marcada.

Dada a especificidade dos efeitos que podem ser obtidos por meio da oferta do tratamento psicanalítico, foi idealizado um instrumento, apresentado na Tabela 7, concebido para registrar as variações do impacto da doença degenerativa sobre o paciente antes e depois do tratamento psicanalítico, livremente inspirado na proposta que acabamos de comentar.

TABELA 7. INSTRUMENTO PARA AFERIR O IMPACTO DA DOENÇA DEGENERATIVA SOBRE O PACIENTE ANTES E DEPOIS DO TRATAMENTO PSICANALÍTICO

Categoria	Domínio	Resultado: 0 1 2 3 4 5 6 7
Geral	Eventos clínicos e doenças recentes alheias à distrofia	
	Eventos sociais ou pessoais significativos	
	Aparência (limpeza e higiene geral, roupas)	
	Relação com a doença degenerativa	
Estado mental e cognitivo	Excesso de sonolência e distração	
	Confusão/excitação/reatividade	
	Orientação (tempo, espaço, pessoas)	
	Fala (organização, vocabulário, expressividade)	
	Comportamento do paciente em situações que necessitam julgamento	
Comportamento	Organização e adequação do pensamento	
	Alucinações/delírios/ilusões	
	Depressão relacionada ao período do diagnóstico	
	Ansiedade relacionada ao período do diagnóstico	
	Motivação/energia	
	Distúrbios do sono	
	Distúrbios alimentares	
	Adesão ao álcool/drogas	
Atividades da vida diária	Mobilidade	
	Higiene/cuidado pessoal	
	Tarefas domésticas (faxina, alimentação, etc.)	
	Relação com o trabalho profissional	
	Relação com os estudos	
	Amizades, interações sociais	
Vida amorosa	Relacionamento afetivo (namoro, casamento)	
	Função e prazer sexual	
	Libidinização das atividades da vida	
Posição subjetiva	Sensação de ser uma vítima	
	Possibilidade de se responsabilizar pelas escolhas	
	Facilidade de suportar o encontro e o acaso	
	Avaliação da própria felicidade	
	Sensação de vergonha frente ao próprio corpo	

Comparando a presente proposta com a de Bertolucci e Nitrini, percebe-se que as quatro grandes categorias por eles utilizadas foram mantidas (geral, estado mental/cognitivo, comportamento e atividades da vida diária) e mais duas acrescidas: vida amorosa (referente à capacidade de amar de cada um dos pacientes) e posição subjetiva (referente ao modo de interpretarem os eventos que surgem e à possibilidade de se responsabilizarem por eles).

Cada paciente foi avaliado por meio da utilização desse instrumento duas vezes: no final da primeira entrevista e no final da entrevista de retorno. A Tabela 8 reproduz a escala utilizada.

TABELA 8. ESCALA UTILIZADA PARA AVALIAR O IMPACTO DA DOENÇA DEGENERATIVA SOBRE O PACIENTE

0	Não avaliado	4	Impacto moderado
1	Sem impacto	5	Impacto acentuado
2	Parece haver algum impacto	6	Impacto grave
3	Impacto leve	7	Impacto dos mais graves dentre os observados

Durante as discussões clínicas, a equipe era convidada para, utilizando-se da escala mencionada, marcar o quadro que, na avaliação resultante de sua inteligência coletiva, melhor expressava o impacto da doença degenerativa sobre o paciente. Em caso de dúvida, o relatório redigido pelo analista responsável pelo caso era consultado e/ou a gravação em vídeo da entrevista, reavaliada. Foram poucos os casos em que, na presença de um elemento novo qualquer, não revelado no momento da primeira entrevista, a marcação foi refeita.

De posse das duas versões do instrumento (a imediatamente obtida após a entrevista inicial e a imediatamente obtida após a entrevista de retorno) e por meio do cotejo da pontuação obtida em cada uma das avaliações, foi possível classificar a melhora obtida pelos sujeitos, como mostra a Tabela 9.

TABELA 9. ESCALA UTILIZADA PARA AVALIAÇÃO FINAL DA EVOLUÇÃO DO PACIENTE EM CADA UMA DAS CATEGORIAS E DOMÍNIOS

	Conclusão	Variação mostrada
1	Excelente melhora	Variação de, no mínimo, 3 pontos para menos
2	Grande melhora	Variação de, no mínimo, 2 pontos para menos
3	Melhora mínima	Variação de, no mínimo, 1 ponto para menos
4	Sem alteração	Mesma avaliação nas entrevistas iniciais e finais
5	Piora mínima	Variação de, no mínimo, 1 ponto para mais
6	Piora moderada	Variação de, no mínimo, 2 pontos para mais
7	Piora acentuada	Variação de, no mínimo, 3 pontos para mais

Para facilitar a visualização do cotejo dos dados, foi idealizado um instrumento específico para esse fim, reproduzido na Tabela 10.

O preenchimento da Tabela 10 deu origem ao documento "Resultados numéricos da pesquisa", que, para maior clareza, se encontra integralmente reproduzido na Tabela B do Apêndice ao final do livro.

Feitos os esclarecimentos preliminares, a seguir serão expostos os principais resultados obtidos por meio do tratamento psicanalítico.

TABELA 10. **INSTRUMENTO PARA COMPARAR O IMPACTO DA DOENÇA DEGENERATIVA SOBRE O PACIENTE ANTES E DEPOIS DO TRATAMENTO PSICANALÍTICO**

Categoria	Domínio	Resultado	Pontuação da primeira entrevista	Pontuação da entrevista final	Variação (+ ou -)	Resultado
Geral	Eventos clínicos e doenças recentes					
	Eventos sociais ou pessoais significativos					
	Aparência (limpeza e higiene geral, roupas)					
	Relação com a doença degenerativa					
Estado mental e cognitivo	Excesso de sonolência e distração					
	Confusão/excitação/reatividade					
	Orientação (tempo, espaço, pessoas)					
	Fala (organização, vocabulário, expressividade)					
	Comportamento do paciente em situações que necessitam julgamento					
Comportamento	Organização e adequação do pensamento					
	Alucinações/delírios/ilusões					
	Depressão relacionada					
	Ansiedade relacionada					
	Motivação/energia					
	Distúrbios do sono					
	Distúrbios alimentares					
	Adesão ao álcool					
Atividades da vida diária	Mobilidade					
	Higiene/cuidado pessoal					
	Tarefas domésticas (faxina, alimentação, etc.)					
	Relação com o trabalho profissional					
	Relação com os estudos					
	Amizades, interações sociais					
Vida amorosa	Relacionamento afetivo (namoro, casamento)					
	Função e prazer sexual					
	Libidinização das atividades da vida					
Posição subjetiva	Sensação de ser uma vítima					
	Possibilidade de se responsabilizar pelas escolhas					
	Facilidade de suportar o encontro e o acaso					
	Avaliação da própria felicidade					

4

PACIENTES, FAMILIARES E TRATAMENTO

O objetivo deste capítulo é expor, de modo concreto, o impacto que o tratamento psicanalítico oferecido na Clínica de Psicanálise do Centro de Pesquisa sobre o Genoma Humano e Células-tronco (CEGH-CEL) da USP— pautado no silêncio da significação, no Real — tem tido na população que foi atendida nos primeiros anos de seu funcionamento.

Como dito anteriormente, o trabalho realizado consistiu na mensuração do impacto do tratamento psicanalítico sobre os portadores de doenças degenerativas, assim como de seus familiares e amigos, em seis grandes categorias:
- geral;
- estado mental/cognitivo;
- comportamento;
- atividades da vida diária;
- vida amorosa;
- posição subjetiva.

Assim, para fins de maior clareza, os resultados serão expostos tratando cada uma das categorias separadamente.

RESULTADOS NA CATEGORIA "GERAL"

Como se vê no Gráfico 1, a categoria "geral" foi composta por quatro domínios, a saber: a) eventos clínicos e doenças recentes; b) eventos sociais ou pessoais significativos; c) aparência (limpeza e higiene geral, roupas); d) relação com a doença degenerativa.

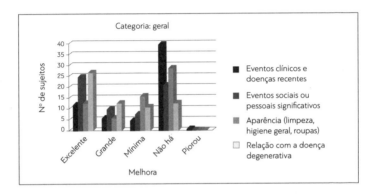

GRÁFICO 1. IMPACTO DO TRATAMENTO PSICANALÍTICO SOBRE OS PORTADORES DE DOENÇAS DEGENERATIVAS: CATEGORIA GERAL

Dentre as seis grandes categorias avaliadas na pesquisa, a categoria "geral" é a única na qual houve uma ocorrência de piora. Trata-se de um caso no qual uma senhora, mãe de uma portadora de doença degenerativa, também atendida na Clínica de Psicanálise, começou a ter episódios de hipertensão assim que a filha passou a dar sinais de ter construído uma vida mais independente.

Notou-se excelente melhora com relação a eventos sociais ou pessoais significativos, como voltar a participar de festas familiares, retomar as idas ao cinema, ter coragem de usar roupa de banho para ir à praia, entre outros.

Percebeu-se que metade da população atendida sofreu impacto positivo em relação aos cuidados relativos à sua aparência pessoal. Destacam-se, nesse domínio, o cuidado com dentes estragados, a volta do banho diário para pacientes que passavam até três semanas sem o tomar e a retomada da lavagem das roupas para pacientes que estavam passando várias semanas sem as trocar.

O Gráfico 2 expressa o cerne de nosso trabalho. Trata-se da alteração da interpretação feita, por parte do doente, em relação ao significado da doença degenerativa em sua vida. De maneira geral, pode-se dizer que a principal mudança pode ser expressa por meio do seguinte sintagma: a doença degenerativa, antes encarada como um destino a ser seguido, passa a ser vista como mais um detalhe da existência.

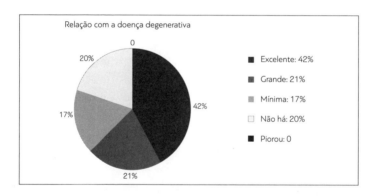

GRÁFICO 2. IMPACTO DO TRATAMENTO PSICANALÍTICO SOBRE OS PORTADORES DE DOENÇAS DEGENERATIVAS: RELAÇÃO COM A DOENÇA DEGENERATIVA

Em suma, por meio da análise da categoria "geral", pode-se perceber que o principal efeito obtido com o tratamento foi a separação do paciente do significante ao qual se alienava, mais especificamente, ao nome da doença degenerativa, que, durante certo tempo, lhe servia de identidade e destino.

RESULTADOS NA CATEGORIA "ESTADO MENTAL E COGNITIVO"
Como se vê no Gráfico 3, a categoria "estado mental e cognitivo" foi composta por cinco domínios, a saber: a) excesso de sonolência e distração; b) confusão/excitação/reatividade; c) orientação (tempo, espaço, pessoas); d) fala (organização, vocabulário, expressividade); e) comportamento do paciente em situações que necessitam julgamento.

Antes de entrarmos no detalhamento dos resultados dessa categoria, gostaríamos de ressaltar que, tanto nela como em todas as subsequentes, não há caso de piora em qualquer dos domínios.

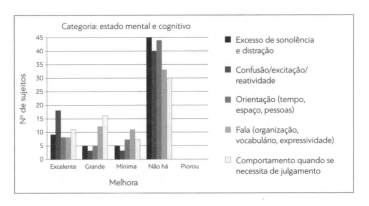

GRÁFICO 3. IMPACTO DO TRATAMENTO PSICANALÍTICO COM RELAÇÃO AO ESTADO MENTAL E COGNITIVO

É importante ressaltar que o grande número de ocorrências de ausência de impacto, expresso no quadro por meio da menção "não há", não se deve a uma suposta inocuidade da análise, mas, sim, ao fato de que as doenças degenerativas que acometem a população do presente estudo parecem não ter grande impacto inicial dos domínios compreendidos nessa categoria. Observou-se que 30% dos pacientes foram afetados por sonolência e distração, tendo, após o tratamento, superado esse quadro inicial.

Também foi possível superar os quase 40% de ocorrência de casos nos quais, por ocasião da entrevista inicial, o paciente se mostrava confuso, excitado ou francamente agressivo em suas interlocuções.

Notou-se que, em virtude do impacto inicial do diagnóstico de doença degenerativa, mais de 30% da população demonstrou algum grau de desorientação, com sinais como confusão de datas, sequências, locais ou, até mesmo, esquecimento de nomes próprios importantes.

Percebeu-se que quase 50% da população apresentou melhora considerável na facilidade encontrada para a expressão de seus sentimentos e o entabulamento de interlocuções sociais.

A análise também mostrou ser benéfica na possibilidade, por parte do paciente, de realizar julgamentos quando necessário.

Em suma, pode-se afirmar que, mesmo não parecendo haver grande impacto das doenças degenerativas nessa categoria, quando foi o caso, a análise mostrou-se benéfica.

RESULTADOS NA CATEGORIA "COMPORTAMENTO"

A categoria "comportamento" foi composta por oito domínios, a saber: a) organização e adequação do pensamento; b) alucinações/delírios/ilusões; c) depressão relacionada; d) ansiedade relacionada; e) motivação/energia; f) distúrbios do sono; g) distúrbios alimentares; h) adesão ao álcool/drogas (Gráfico 4).

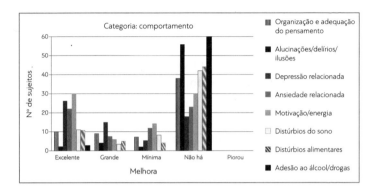

GRÁFICO 4. O IMPACTO DO TRATAMENTO PSICANALÍTICO COM RELAÇÃO AO COMPORTAMENTO

Pode-se verificar:
- em quase 40% dos casos, a análise foi benéfica para uma melhor organização e adequação do pensamento;
- foi muitíssimo baixa a ocorrência de sintomas do tipo psicóticos, não chegando a 10% da população e cedendo de modo bastante sensível em 100% dos casos;
- a depressão – *lato sensu* – é praticamente onipresente na população estudada, chegando a ocorrer em mais de 70% da população. Após o tratamento, esse quadro melhorou;

- a presença de ansiedade, a exemplo da depressão, foi um sintoma que, antes da execução do tratamento, afetou grandemente a população, tendo chegado a aparecer em mais de 60% dos casos;
- houve enorme impacto do diagnóstico de doença degenerativa sobre a motivação e a energia vital dos portadores e/ou seus familiares e amigos. Do mesmo modo, fica claro que a Psicanálise teve um impacto positivo nesse domínio em quase 80% da população atendida;
- a ocorrência de distúrbios do sono e consequente impacto sobre ele foi relativamente baixa, não chegando a incomodar quase 70% da população;
- a exemplo da ocorrência de distúrbios do sono, o impacto das doenças sobre os distúrbios alimentares não foi alto, não incomodando quase 70% da população.

A adesão ao álcool e às drogas foi o domínio que, junto à população estudada, teve o menor impacto inicial e o maior nível de excelência obtido, com 100% de resultado excelente.

Em suma, na categoria "comportamento", os domínios sobre os quais a Psicanálise exerceu maior impacto são, justamente, os que sofrem maiores efeitos ao diagnóstico da doença degenerativa: a ansiedade e a depressão.

RESULTADOS NA CATEGORIA "ATIVIDADES DA VIDA DIÁRIA"
A categoria "atividades da vida diária" foi composta por seis domínios, a saber: a) mobilidade; b) higiene/cuidado pessoal; c) tarefas domésticas (faxina, alimentação, etc.); d) relação com o trabalho profissional; e) relação com os estudos; f) amizades, interações sociais (Gráfico 5).

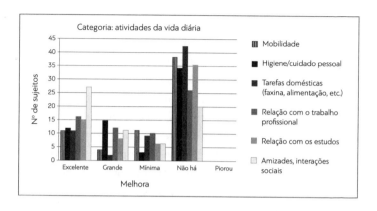

GRÁFICO 5. O IMPACTO DO TRATAMENTO PSICANALÍTICO EM RELAÇÃO ÀS ATIVIDADES DA VIDA DIÁRIA

Percebeu-se que, dada a especificidade das características das doenças que afetam a população estudada, não houve tão grande impacto da análise na mobilidade dos pacientes. É digno de nota, entretanto, que, em um grande número de casos, a melhora deveu-se à maior criatividade do paciente, que passou a adotar meios alternativos para aprimorar a própria capacidade de locomoção.

Nota-se que quase 50% da população demonstrou um nível significativo de melhora no que diz respeito aos cuidados relativos com o próprio corpo, tais como prática de esportes, adesão à fisioterapia, uso mais cuidadoso de medicamentos, etc.

A execução (ou não) de tarefas domésticas foi alvo de grandes mudanças geradas pelo desenrolar de uma análise ou, o que é mais provável, não foram tematizadas nas entrevistas iniciais e finais, não tendo sido objeto de investigação mais detalhada.

Quando possível, a análise exerceu grande impacto sobre a capacidade de trabalhar dos sujeitos, bem como sobre sua motivação para fazê-lo. Mais de 50% dos casos nos quais não houve impacto referem-se à população que estava abaixo ou acima da faixa etária na qual se costuma, em nossa sociedade, exercer atividade remunerada.

De modo análogo, quando possível, a análise exerceu grande impacto sobre a capacidade de estudar dos sujeitos, assim como sobre sua motivação para fazê-lo. Mesmo nos casos em que os indivíduos estavam acima da faixa etária na qual se costuma, em nossa sociedade, dedicar-se ao estudo, houve grande interesse em retomá-lo, seja no contexto do ensino formal ou na forma de cursos livres, como línguas, artes, informática, entre outros.

Observou-se que quase 70% da população mostrou significativa alteração com relação à capacidade de fazer amizades e ao interesse para gerar e sustentar interações sociais que podem ser fonte de prazer.

Em suma, é fácil perceber que mesmo um curto período de análise, como é o caso do realizado no estudo nesta pesquisa, teve impacto considerável sobre todos os domínios relacionados a atividades significativas na vida diária.

RESULTADOS NA CATEGORIA "VIDA AMOROSA"
A categoria "vida amorosa" foi composta por três domínios, a saber: a) relacionamento afetivo (namoro, casamento); b) função e prazer sexual; c) libidinização das atividades da vida (Gráfico 6).

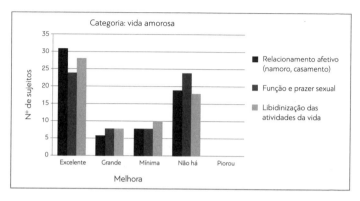

GRÁFICO 6. O IMPACTO DO TRATAMENTO PSICANALÍTICO COM RELAÇÃO À VIDA AMOROSA

Constatou-se o enorme impacto que a psicanálise pode exercer sobre a resolução de uma situação afetiva geradora de sofrimento, chegando a 70% dos casos tratados.

De modo análogo, quando foi o caso, notou-se que a possibilidade de obter prazer sexual foi ampliada em mais de 40% da população. Com relação à porcentagem em que não foi observado impacto, é necessário observar que nada foi perguntado a esse respeito aos jovens que não se manifestaram espontaneamente, em especial quando compareciam às entrevistas na companhia de seus pais.

Foi observado também o enorme impacto – mais de 70% de toda a população atendida – que a Psicanálise pode exercer sobre a capacidade de vivificar todos os aspectos da vida que, na avaliação individual de cada sujeito, são fonte de prazer e alegria de viver. Ressalte-se que esses aspectos referem-se àquilo que, no Capítulo 3, foi nomeado por meio do sintagma "vida qualificada".

Em suma, pode-se perceber que o domínio da vida amorosa parece ser o lócus por excelência no qual a análise praticada obtém maior impacto, já que a categoria "excelente" se sobressaiu em todos os domínios.

RESULTADOS NA CATEGORIA "POSIÇÃO SUBJETIVA"

A categoria "posição subjetiva" foi composta por cinco domínios, a saber: a) sensação de ser uma vítima; b) possibilidade de se responsabilizar pelas escolhas; c) facilidade de suportar o encontro e o acaso; d) avaliação da própria felicidade; e) sensação de vergonha frente ao próprio corpo (Gráfico 7).

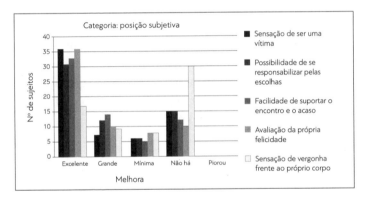

GRÁFICO 7. O IMPACTO DO TRATAMENTO PSICANALÍTICO COM RELAÇÃO À POSIÇÃO SUBJETIVA

A sensação de ser vítima de um destino sobre o qual não se tem nenhum tipo de possibilidade de ação foi superada em quase 80% dos casos.

Coerentemente, a possibilidade de se responsabilizar pelas próprias escolhas também praticamente alcançou 80% dos casos.

Analogamente, a facilidade para suportar as surpresas da vida, como a ocorrência de uma doença degenerativa, é acrescida em um número ainda maior do que 80%.

Foi possível perceber o maior impacto dentre todos os registrados na pesquisa, relacionado à possibilidade, por parte dos pacientes e de seus familiares, de avaliar positivamente a própria felicidade.

Foi analisado também o impacto exercido sobre, quando era o caso, a sensação de vergonha frente ao próprio corpo gerado pela doença degenerativa. Percebe-se que, ao contrário do que pressupõe o imaginário popular, quase 50% da população não era afetada por essa sensação.

Em suma, pode-se perceber que, a exemplo do domínio da vida amorosa, o campo composto pelas alterações da posição subjetiva parece ser o lócus por excelência no qual a análise praticada parece obter maior impacto, pois a categoria "excelente" sobressaiu-se em todos os domínios.

5

COM A PALAVRA, OS PACIENTES

Concluída a parte de exposição dos dados quantitativos obtidos por meio da pesquisa, seguem alguns depoimentos espontâneos dos pacientes.

DEPOIMENTO DE PACIENTE HOMEM, 40 ANOS, PORTADOR DE DISTROFIA MUSCULAR DO TIPO CINTURAS (DMC)

Quero relatar a importância do Projeto Análise neste momento da minha vida... Concomitantemente ao início deste projeto, era inerente e visível a rápida progressão da distrofia, e essa situação era, para mim, constrangedora e triste. Num período não muito distante, jogava futebol, pedalava, nadava e, após os 33 anos, comecei a sentir dificuldades em subir escadas, correr e chutar a bola durante uma partida de futebol. As quedas passaram a ser frequentes e, ao cair, machucava não só os joelhos, cotovelos, nariz, a cabeça, mas, sobretudo, machucava também o estado emocional, a "alma".

Essas quedas constantes estavam fazendo com que eu perdesse a motivação para a realização das atividades pessoais e profissionais, e havia também uma projeção que me assombrava: de estar cada vez mais próximo da dependência de uma cadeira de rodas. Estava, de certa forma, antecipando o sofrimento. Não sabia mais o que pensar!

Foi após uma dessas quedas que viajei até São Paulo e procurei pela doutora Mayana e pela doutora Rita Pavanello, a fim de saber como estavam as investigações sobre as distrofias. Relatei a elas o que vinha acontecendo. Foi quando a doutora Mayana me disse que as pesquisas estavam caminhando, mas que não havia, ainda, uma terapia clínica capaz de inibir a progressão da distrofia ou curá-la. Relatei sobre a falta de motivação em consequência das quedas. O cair, para mim, era desanimador! Gentilmente, a doutora Mayana me convidou a participar do Projeto Análise.

Estar inserido nesse projeto tem sido, ao longo destes meses, um privilégio. Hoje entendo que a progressão da distrofia é concreta e que suas consequências estão bem próximas ao corpo, marcado, principalmente, pela modificação da força, da tonicidade e contorno dos músculos e, consequentemente, limitações dos movimentos. Tenho aprendido que a realidade da distrofia não é fixa, ela pode ser mutável, plástica, flexível e moldável, buscando fazer dela um detalhe com todo o desprendimento do que tem que ser... Uma analogia interessante é pensar que a distrofia é como uma rede no interior do oceano: se capturar o peixe, ele morrerá!

No entanto, com o trabalho no Projeto Análise, tenho aprendido que, após o horror do diagnóstico, a rede realmente bloqueia, entretanto, o mar é grande e o trabalho é não ficar na rede! Assim como a vida, o mar permite criar caminhos diferentes para ir além da rede. E para chegar além da rede, é preciso confrontar para vencer! É imprescindível entender e acreditar que, para nós, a distrofia é tão somente um detalhe dentro da multiplicidade dos corpos e ser tratado assim é formidável. As quedas hoje em dia não têm sido mais assustadoras. Como levantar, parece haver alternativas... O objetivo maior é "desautorizar o sofrimento", o querer mudar pode ser fundamental na busca da superação das limitações que a distrofia nos impõe!

Isso é um exercício não físico, mas mental, que tenho aprendido depois de iniciar neste projeto. Desta maneira, agradeço ao Projeto Análise pelo apoio e acredito que estamos todos no caminho da cura! Obrigado!

DEPOIMENTO DE PACIENTE HOMEM, 36 ANOS, PORTADOR DE ATAXIA ESPINOCEREBELAR

Uma guinada em minha vida.

Olá, eu sou Marcos, tenho 36 anos, casado.

Há uns seis meses, mais ou menos, fui convidado a participar de sessões de Psicanálise aqui no "Genoma", onde recebi o diagnóstico, por meio de um exame do meu sangue, de ser um portador de ataxia espinocerebelar, doença de Machado-Joseph.

Depois que recebi esse diagnóstico, meu quadro clínico vinha, na medida dos tempos, piorando, assim como determina por se tratar de uma doença degenerativa e progressiva. Diante desse quadro, minhas atividades diárias foram se subtraindo a cada dia que passava... Ou seja, desde um simples caminhar até a forma de assinar o meu próprio nome.

Sendo assim, minha aceitação então foi dia a dia caindo, até o ponto de eu me desesperar e solicitar algum tipo de ajuda para poder encarar esse dia a dia sem ficar achando que era a pior pessoa do mundo. Me submeti a essa terapia que me fez acreditar mais em mim, cair na real, rever os meus verdadeiros valores como ser humano, e não entrar numa espécie de autopiedade.

Hoje, com sessões de Psicanálise, dei uma guinada em minha vida, recuperei minha autoestima, consigo me comunicar melhor, mudei-me para outra cidade, tenho novamente vontade de ver o dia seguinte e derrotar todas as minhas inseguranças, medos e tribulações do dia a dia, e até de dar este depoimento.

DEPOIMENTO DE PACIENTE HOMEM, 40 ANOS, PORTADOR DE DISTROFIA MUSCULAR PROGRESSIVA TIPO BECKER
Uma oportunidade única.

Na minha opinião, este trabalho da Psicanálise junto com o "Genoma" é de suma importância, pois tem me mostrado que é possível ter uma vida muito boa mesmo com a distrofia.

Hoje, com alguns meses de análise, percebi que a distrofia faz parte da minha vida e não que a minha vida faz parte da distrofia. Este projeto da Psicanálise está sendo uma oportunidade única, em que estou podendo ver a minha vida desmembrada da distrofia. A verdade é que a distrofia é uma dificuldade, porém, é possível ter uma vida muito boa com ela.

Estou percebendo que é possível separar a vida cotidiana da vida com a distrofia, que são duas coisas diferentes, e que esta convivência é possível e com boas possibilidades.

A Psicanálise nos proporciona conhecer melhor o nosso interior, como nós funcionamos e como poderemos funcionar bem melhor. Às vezes, só mudando algumas atitudes ou tomando atitudes mais proativas que não tomávamos antes.

Estou muito grato por esta oportunidade ímpar, por me proporcionar conhecer-me melhor e lidar melhor com as pessoas à minha volta e com os problemas inerentes do cotidiano, para podermos ter uma vida bem mais fácil de ser vivida.

DEPOIMENTO DE PACIENTE MULHER, 29 ANOS, PORTADORA DE DISTROFIA MUSCULAR DO TIPO FÁCIO-ESCÁPULO-UMERAL
Não passo mais pela vida... Vivo!

Enfrentei uma batalha comigo mesma do preconceito e de me adaptar a uma nova vida. Tive medo desse pequeno erro genético, mas reaprendi a viver! E ainda vivo! Não passo mais pela vida... Vivo!!

Bom mesmo é ir à luta, sem medo, com determinação abraçar a vida e viver com paixão, perder com classe e vencer com ousadia, resumindo: porque na vida não existe um botão chamado "piloto automático", mas o mundo pertence a quem se atreve e a vida é muito para ser insignificante!

Hoje, com 29 anos, com Psicanálise e o Centro de Pesquisa sobre o Genoma Humano e Células-tronco da USP, reaprendi a fortalecer a minha fé, namoro e passo minha primeira realização e experiências aos futuros novos comissários de voo, fazendo-os viajar comigo em sala de aula.

Obrigada de coração... Obrigada: Jorge Forbes, Mayana Zatz, Dra. Rita Pavanello, Tereza Genesini e, principalmente, ao Dr. Márlio Vilela Nunes pelo empenho, a paciência, o amor pelo que faz e a persistência de dar o melhor e fazer diferente a minha vida.

DEPOIMENTO DE PACIENTE MULHER, 63 ANOS, PORTADORA DE ATAXIA ESPINOCEREBELAR

As coisas são hipóteses e, por isso, podem ser reinventadas.

Sou a paciente M.F. Tive a oportunidade, no Centro de Pesquisa sobre o Genoma Humano e Células-tronco da USP, de realizar o exame molecular (DNA). Com o diagnóstico de ataxia cerebelar, dado pela Dra. Rita de Cássia Pavanello, fui encaminhada para uma equipe especializada: Dr. Jorge Forbes, Dra. Mayana Zatz e Dr. Márlio Nunes. Para mim, tem sido uma injeção de ânimo para a reabilitação da autoestima.

Quando iniciei o tratamento, estava sem motivação, não tinha mais desejo de escrever, porque as pessoas falavam: "Sua letra está um garrancho". Nem desejo de conversar, porque falavam: "Repete o que falou, não entendemos, sua fala está atrapalhada". E com isso fui perdendo a motivação de tudo.

Faz oito meses que, toda sexta-feira, pego dois ônibus para ir à USP para a consulta com o psicanalista Márlio. Confesso que é gratificante. Hoje, tenho 63 anos, mas parece que tenho 20. A cada dia estão sendo renovadas as minhas perspectivas de vida. Estou falando bem, andando melhor e escrevendo poesias. Além de estar escrevendo poesias, minha percepção da vida transformou-se. A hipótese de que uma doença não tem jeito não existe. Desde de que se possa mudar a forma de pensar e se permitir buscar novos objetivos, não ficar só no sonhos, mas conseguir autorrealizações. Mudar o pensamento é saber olhar com olhos invisíveis, vestir uma camisa nova e não aceitar a hipótese de que doença é igual a fracasso. Descobri que na vida podemos inventar soluções para não ficarmos presos na ideia de sofrimento. O importante é estar sempre criando novas hipóteses, como um poeta que nunca morre porque está sempre transformando livremente as palavras. Aliás, todas as coisas são hipóteses e por isso podem ser reinventadas.

DEPOIMENTO DE PACIENTE HOMEM, 36 ANOS, PORTADOR DE DISTROFIA MIOTÔNICA DE STEINERT

Coragem de lutar e agir para conseguir algo de concreto.

Aqui me identifico e apresento para dar testemunho da minha história. Sou Nilson, tenho 36 anos, e quero falar um pouco da minha vida para os leitores.

Eu era uma pessoa normal, não sentia nada de diferente em mim. Mas, de mais ou menos quatro anos para cá, comecei a notar alguma diferença; comecei a sentir fraqueza nas mãos e dificuldade de locomoção. Então comecei a desconfiar que isso não era normal: não tenho forças para pegar um peso de aproximadamente vinte a trinta quilos, não consigo correr normalmente como antes.

Foi aí que pensei e tirei a conclusão: eu tenho um irmão mais novo e um tio com este mesmo problema. Sabendo do que se tratava, fui à Escola Paulista de Medicina (HSP).

Quando passei pelo médico, que já havia diagnosticado o problema do meu tio e também do meu irmão, foi constatado que estava com o mesmo problema deles, distrofia miotônica. Uma doença que a maioria das vezes a pessoa já nasce com ela, só que ela se manifesta na fase adulta. É uma doença hereditária que até hoje, na medicina, não foi encontrado nenhum tipo de medicamento para esse problema. Pode ser da parte do pai ou da mãe, talvez até dos antepassados.

Quando os médicos do Hospital São Paulo descobriram esse problema, solicitaram o exame de DNA no Centro de Pesquisa sobre o Genoma Humano e Células-tronco da USP. No meu caso, diagnosticaram que foi pela parte da minha mãe que eu herdei a distrofia.

Só depois do resultado do exame que eu comecei a fazer as sessões psicanalíticas. Eu achei muito importante este trabalho porque para mim mudou muita coisa: no aspecto de tomar iniciativas, não ter tantas dúvidas e indecisões para realizar um desejo, ter coragem de lutar e agir para conseguir algo de concreto que eu desejar.

Se bem que só depois dessas sessões psicanalíticas é que me dei conta de que tudo poderia mudar para melhor. Tanto é que estava há nove meses desempregado e, com pouco mais de três a quatro sessões de Psicanálise, consegui um emprego no qual eu me sentia mais útil na sociedade. Mesmo trabalhando, continuei a enviar currículos a outras empresas, e, para minha surpresa e felicidade, fui chamado pela FISA, uma metalúrgica onde exerço a minha profissão, rebarbador mecânico, na qual eu havia trabalhado há seis anos em outra empresa.

Só tenho a agradecer a Deus e à equipe de médicos, profissionais que me acompanharam nas sessões de Psicanálise. Só a partir desse tratamento pude mudar psicologicamente a maneira de ser muito detalhista, a saber o que quero e ir à luta com força de vontade para conseguir os objetivos e ser uma pessoa mais forte para lutar, enfrentar os obstáculos e vencê-los.

Hoje sou mais feliz, sinto-me bem melhor que antes, encaro melhor as dificuldades que tenho na vida.

Muito obrigado a todos, em especial ao Dr. Jorge Forbes e à sua equipe.

DEPOIMENTO DE PACIENTE MULHER, 43 ANOS, PORTADORA DE DISTROFIA MUSCULAR DO TIPO CINTURAS (DMC)

Deixei de ser uma folha seca.

Sou portadora de deficiência, síndrome de cinturas. Por esse motivo, faço tratamento na USP há mais de dez anos. No dia em que encontrei o Dr. Jorge na USP, foi um encontro com o futuro, ou, pelo menos, próximo disso.

Eu estava prestes a prestar o vestibular. Não tinha estudado nada. Aí, veio uma pergunta-chave:

– Como você pretende entrar em uma Universidade sem estudar?

– Com a cara e a coragem. – eu respondi.

– É pouco. – ele replicou.

Foi quando surgiu uma ideia maravilhosa dele. Ofereceu-me estudo, professores para dar aulas. Achei ótimo. A partir desse ponto, minha vida mudou para melhor. Tenho uma médica, a doutora Claudia Riolfi, com quem faço análise uma vez por semana. É uma pessoa encantadora. Quando estou falando com ela, vem toda a certeza que posso alcançar meus objetivos ou, pelo menos, ir ao encontro deles. Com ela, veio a professora Andreza. Acho que, com a companhia das duas, até defunto volta para ir buscar o que ele deixou para trás e recomeçar tudo de novo!

A experiência está sendo tão boa que consegui trazer, no mínimo, umas cinco pessoas para estudar comigo. Estou eufórica com tudo isso. Pretendo prestar vestibular novamente e cursar uma universidade. Tem horas que tenho vontade de gritar de alegria, para os quatro cantos: como é bom! Como é bom! Aliás, não é bom, não, é maravilhoso!

Deixei de ser uma folha seca que ia para onde o vento levasse. Hoje, tenho ideias, projetos de vida, de conquistas. A felicidade não tem preço, mas, muitas vezes, precisa de um empurrão.

Muito obrigada, doutor Jorge, por essa oportunidade.

DEPOIMENTO DE PACIENTE HOMEM, 21 ANOS, PORTADOR DE ATROFIA ESPINHAL PROGRESSIVA

A transformação é evidente. Pequenos sinais de mudança podem ser observados. Ou será que a mudança ocorre em mim, para somente agora perceber a mudança? Minha casa era um ambiente em que a briga reinava, a violência dominava. A irritabilidade estava presente. Isso em um contexto geral. Todos dentro da casa, em suas relações, mentiam esse comportamento. O contexto era repleto de brigas, desentendimentos, incompreensão, conflitos.

Isso vem mudando. O contexto demonstra modificações evidentes. Isso graças a uma compreensão dos elementos produzidos dentro deste contexto. Uma compreensão dessa produção familiar e um pouco de audácia e coragem para tentar inferir e transformar aquele ambiente tenso em um ambiente gostoso e harmonioso.

Isso é motivo de felicidade. É motivo de orgulho, pois acredito que essa transformação veio como resultado de uma atuação que tive nesse local. Eu como um membro dessa comunidade, dessa tribo. Participava ativamente e fielmente nas produções que ali nós relacionamos. Ou seja, eu também brigava. Achava que o desentendimento era uma forma eficaz de amar minha família. Ironia; o amor não se concretiza no ódio, e sim no ato de amar.

Compreender que eu me comportava agressivamente dentro de casa para assumir um papel masculino ou paterno (em uma consideração de que o modelo de agressividade foi herdado de meu pai.). Foi estranho pensar nisso, mas comecei a negar a violência ou agressividade como forma de resolução de problemas. E iniciei, depois dessa conscientização, a agir com amor. Ou seja, nego o ódio para assumir o amor.

Consequência? Sim, a relação familiar também está mudando e trocando ódio por amor.

Uma transformação que veio depois de uma reflexão e conscientização sobre os elementos que estavam cristalizados dentro de mim como sujeito e dentro do contexto em que eu me relacionava. A transformação vem e de maneira muito boa. O amor é mais gostoso que o ódio. Engraçado que percebo, na minha família, esse êxtase de viver no amor. Um respeitando o outro. Um compreendendo o outro ao invés de fazer críticas. Um sentindo pelo outro mais afeto positivo.

Isso é bom. A mudança está ocorrendo aos poucos. Ainda é cedo para falar em mudança geral, está sendo possível mudar algumas coisas na minha família. Os outros membros não estão mais se desrespeitando.

Para a mudança ocorrer, pensei em trazer elementos como compreensão ao invés de críticas e lições de moral. Que são elementos opostos. Trago um "bom papo" ao invés de impaciência.

Isso e mais elementos estão sendo substituídos na relação familiar. Bom pra mim e para a minha família.

Uma dúvida: tudo isso muda no concreto ou é mudança perceptiva minha? Isso sempre existiu e só agora vejo? Ou tudo isso está mudando mesmo no que se diz respeito ao relacionamento familiar objetivo?

Mas gostaria de agradecer uma pessoa que tem me ajudado a refletir sobre essas questões, pois acredito que a mudança veio como resultado de um trabalho esforçado e sincero de uma profissional: Dra. Claudia Riolfi, que, além de ser uma profissional, se torna uma amiga quando se interessa pelos meus sentimentos, pensamentos. Me respeita e me compreende.

Claudia, muito obrigado por tudo. Creio que seu trabalho é talentoso.

Muitas felicidades para você nesse fim de ano. Um feliz Natal. Que o conhecimento, surgindo como luz em nossas vidas, ganhe mais força e se intensifique mais ainda, para um 2009 rico em sabedoria.

6

DISCUSSÃO

Propomos discutir os resultados obtidos a partir de cinco perguntas fundamentais:
1. O impacto de uma mesma doença varia de pessoa a pessoa?
2. Em que situação melhor funcionou a Psicanálise e quando foi mais inócua?
3. Por que o método é igual frente a doenças diferentes?
4. Seria possível exemplificar a ação analítica em um dos casos atendidos?
5. Quais são, se houver, os limites do método e seus alcances? Como reproduzir a experiência em outros centros?

O IMPACTO PSÍQUICO DE UM ACONTECIMENTO

As pessoas não reagem da mesma forma às mesmas coisas. Nem uma mesma pessoa reage igualmente ao mesmo estímulo em momentos diferentes. Esse fato, sobejamente conhecido na Psicanálise, razão pela qual é intitulada ciência do singular, comprovou-se neste estudo. Isso invalida tratar alguém pelo bom senso, pelo que supostamente uma pessoa deveria sentir frente a tal ou qual fato. Não há maneiras corretas de sentir, do ponto de vista psicanalítico, mas, sim, maneiras responsáveis e irresponsáveis.

O que se encontra na clínica, em uma primeira aproximação, pode parecer invalidar essa premissa, já que, muitas vezes, se trata de sofrimento *prêt-à-porter*, ou seja, semelhante para muitos. De fato, é exatamente isso o sentir irresponsável, pois não é resposta proveniente da pessoa, mas, sim, a oferta da sociedade para nomear aquela situação. Se, de início, os sentimentos expressam-se de forma parecida, também desde o início sua intensidade é muito variável, fator que possibilita uma via de acesso importante na transformação do sentir irresponsável em responsável, exatamente pela diferença em relação ao que seria uma expectativa comum. Muitas vezes, aqueles que acompanham um paciente acometido de uma doença grave dão muito mais peso à dor que o outro deveras sente. É muito comum.

A singularidade das reações frente ao mesmo estímulo é fator crucial na validade da pesquisa realizada e na escolha da Psicanálise como tratamento primordial.

MENORES E MAIORES INCIDÊNCIAS DO TRATAMENTO PSICANALÍTICO

Entre as seis categorias dos quesitos pesquisados, as menores incidências do tratamento psicanalítico ocorreram na categoria de estado mental e cognitivo, que compreende: a) excesso de sonolência e distração; b) confusão, excitação, reatividade; c) orientação (tempo, espaço, pessoas); e d) fala (organização, vocabulário, expressividade). Isso não se deve a uma suposta inocuidade da Psicanálise sobre esses aspectos, mas, sim, ao fato de que a maioria das doenças degenerativas que acometem a população do presente estudo não teve maior impacto nesses domínios.

Não houve categoria que não tenha apresentado benefícios, e as maiores incidências manifestaram-se nas categorias vida amorosa e posição subjetiva.

Vida amorosa compreende: a) relacionamento afetivo (namoro, casamento); b) função e prazer sexual; e c) libidinização das atividades da vida. Erra aquele que julga, pelo lugar-comum, que uma pessoa deformada fisicamente não está mais à altura do amor. Que erro! E, pior ainda, muitas vezes é o próprio paciente que se vê dessa forma, despossuído da possibilidade de querer ou de ser querido. Em apoio a esse fato, é importante atentar ao item categoria geral, o único que apresentou uma ocorrência de piora. Ali, foi relatado o caso de uma senhora, mãe de uma portadora de doença degenerativa, também atendida na Clínica de Psicanálise, que passou a apresentar crises hipertensivas ao ver sua filha se tornando independente dela.

Quanto à posição subjetiva – categoria que engloba: a) sensação de ser uma vítima; b) possibilidade de se responsabilizar pelas escolhas; c) facilidade de suportar o encontro e o acaso; e d) avaliação da própria felicidade –, ficou claro o quão importante é que o paciente, mesmo em face da pior doença, legitime-a como algo próprio, responsabilize-se por ela, ou seja, encontre uma resposta singular ao que lhe ocorre. Essa aposta na singularidade é fundamental, pois permite que o sujeito acometido pela doença saia da posição que por muitos é preconizada, com frases como: "Isso é uma doença como outra qualquer, você não tem nada a ver com isso, da sua doença cuidamos nós, da sua vida cuida você". Como se a doença não fizesse parte da vida, comunicando ao paciente, subliminarmente, quando não manifestamente, que a vida será impossível com aquela doença.

O MESMO MÉTODO E AS DIFERENTES DOENÇAS

O que teriam em comum esses diversos pacientes, acometidos de doenças diferentes, que justifique o tratamento pelo mesmo método? Essa questão já foi respondida no decorrer deste estudo, mas ainda cabe mais uma variação de resposta. Esses pacientes apresentam, em comum, a estranheza ao que lhes acomete e a tendência a dizer que não têm nada a ver com isso. Nessa situação, com esse pensamento, não há tratamento possível. Por isso, um dos grandes objetivos é alterar essa maneira de encarar os fatos, como descrito no item anterior.

A Psicanálise parte do princípio de que todas as pessoas têm algo em si muito estranho, não só os portadores de doenças fisicamente deformantes. Freud, em 1919, descreveu esse aspecto em um artigo famoso intitulado justamente de "O estranho" (Freud, 1976). Em cada um de nós, há algo estranho, que tendemos a expulsar, a jogar fora, no mundo. Acontece que esse algo estranho volta, pois nos é constitutivo, não acidental. Pois bem, uma pessoa com uma doença "estranha" pode, ainda mais facilmente, localizar a sua estranheza íntima na doença e, assim, se ver mais complicada psiquicamente, uma vez que se priva de si mesma e de sua responsabilidade.

A perspectiva com o tratamento oferecido é fazer do estranho uma convivência íntima e, se possível, tirar-lhe a carga dos pressupostos sociais, levá-lo à transcendência da imanência que substitui outras transcendências habituais, reitoras de outras éticas: a natureza, o divino, a razão, como discutido anteriormente, em referência aos trabalhos recentes de Luc Ferry (2010).

UM EXEMPLO DA AÇÃO ANALÍTICA EM UM DOS CASOS ATENDIDOS

Não é possível, evidentemente, contar o que se passou em cada uma das inúmeras sessões de atendimento realizadas neste estudo. Por isso, para fins de exemplificação, foi escolhida uma sessão que, para nós, seja o mais próximo de um paradigma. Trata-se de um atendimento sobre o qual, inclusive, foi escrito um artigo e apresentado na plenária do 8º Congresso da Escola Brasileira de Psicanálise, realizado em Florianópolis, em abril de 2009. O artigo foi intitulado "Não tenho a menor ideia", sintagma do qual nos valemos para deslocar o sofrimento de uma pessoa que nos procurava, congelada em um sofrimento estandardizado (Forbes, 2009b).

Um dia, como todas as manhãs de segunda-feira, quando chegava para o atendimento na Clínica de Psicanálise do Centro de Pesquisa sobre o Genoma Humano e Células-tronco, na USP, a secretária, com evidente preocupação e urgência, veio ao meu encontro e disse: "Doutor Forbes, a dra. Rita [que é a médica geneticista] pediu para o senhor atender um caso muito grave, imediatamente – se possível, já –, de um moço de 38 anos que sofre de ataxia espinocerebelar e que está muito deprimido, a ponto de querer se matar; que não toma banho há uma semana; que rompeu o contato com toda a sua família; que perdeu o emprego; e que, finalmente, foi abandonado por sua mulher há dois dias. Mora no centro de São Paulo, em um apartamento pequeno, com parcas condições de sobrevivência".

O que um psicanalista poderia fazer frente a tantos semblantes, bem fixados, de desgraça? Temi que fosse muito pouco. Para os menos familiarizados com as doenças de origem genética, é importante esclarecer que a ataxia espinocerebelar é uma moléstia de alta gravidade, que incorre em um depósito indevido do aminoácido glutamina nas células nervosas, causando, como consequência, progressiva paralisia dos membros superiores e inferiores e dos músculos estriados, levando, em muitos casos, à morte por paralisia dos músculos intercostais, necessários à respiração.

Perguntei o nome do moço e pedi à secretária que o convidasse a entrar. A sala de atendimento fica no fundo de um corredor, o que me deu a possibilidade de acompanhar a chegada do paciente, desde o *hall* de entrada até o consultório. Vi um homem de aparência coerente com a idade relatada, caminhando apoiado em uma bengala, com muita dificuldade, mostrando pernas e braços já claramente lesionados e com uma expressão facial entre a tristeza e a indiferença.

Recebi a pessoa, na sala, sem mesmo ter coragem de usar o habitual "como vai?". Preferi uma dessas expressões fáticas, de menor significação, para cumprimentá-lo: "Bom dia. E então?".

Estava sentado muito próximo a ele, provavelmente a uma distância de um metro e meio, em uma cadeira dessas de escritório, que têm rodas. Ao meu cumprimento, ele contestou: "Doutor, será que o senhor tem alguma ideia, doutor, do que é a cada manhã, ao acordar, entrever, aflito, a porta do banheiro do meu quarto, que não é muito distante – moro em um apartamento pequeno –, e aí, doutor, pegar a bengala que dorme ao meu lado, palpar com dificuldade o seu punho e, ainda ali, deitado, ficar me perguntando se ainda serei capaz, naquele novo dia, de dar os passos necessários entre a minha cama e o banheiro? Doutor, o senhor tem uma ideia do que seja isso?".

Aproximei ainda mais a cadeira. Ficamos cara a cara, e, nessa posição, disse-lhe com firme clareza: "Não tenho a menor ideia". Os vinte segundos que se passaram antes de uma nova reação me pareceram vinte minutos, ou até mesmo vinte horas. Fiquei em dúvida se ele me agrediria. Passado esse longo tempo de silêncio, ele disse: "De fato, doutor, o senhor não pode ter a menor ideia." Foi um alívio para ambos. Para mim, por ver que ele suportava uma posição que não fosse a tão esperada compaixão. Para ele, possivelmente, o alívio da pesada carga dos semblantes, dos papéis sociais que uma pessoa nessa condição carrega, em uma paradoxal demonstração de morte ambulante, para poder sobreviver. Acrescentei, então: "Mas o senhor pode me contar".

Foi esse o destaque desse momento clínico, sem esquecer que as modificações daí decorrentes, na forma do gozo dessa pessoa, foram de importância a ser notada por todos os vários colegas que participam desse trabalho semanal.

Agora, alguns comentários sobre esse gesto analítico.

Fica evidente como o fazer analítico, a sua ética, contesta a expectativa da moral vigente. Tudo ali estava preparado para o acolhimento, a simpatia, a empatia, a compaixão. Ao dizer "Não tenho a menor ideia", que não foi uma frase planejada, manipulada, mas, sim, uma expressão súbita, daquelas que se impõem, porque nenhuma outra poderia ali ser expressa, fica claro como a interpretação surpreende o paciente – e não menos, muitas vezes, o analista – em sua expectativa de acolhimento de sua dor. Se assim não tivesse feito, é possível que a continuação seria bem diferente: teria sido mais um na série que já estava estabelecida de pessoas que tinham, sim, uma ideia de como ele sofria e de como ele dificilmente sairia do sofrimento.

Seria a posição do analista de frieza, de indiferença, de insensibilidade ou de fleuma? É o que discute Jacques-Alain Miller em seu curso, *Choses de finesse en psychanalyse*, no dia 4 de março de 2009 (Miller, 2008/2009). Melhor chamar de desapego. Desapego no sentido de não corresponder a nenhum dos semblantes de alta força social, e, por que não dizer, de alto valor de real.

Miller, no mesmo curso, agora na aula 5, de 11 de março do mesmo ano, afirma:

> A prática da psicanálise muda, de acento. Trata-se de reconduzir a trama do destino do sujeito, da estrutura aos elementos primordiais fora de articulação, quer dizer, fora de sentido, e podemos concluir, uma vez que eles são absolutamente separados, absolutos: reconduzir o sujeito aos elementos absolutos de sua existência contingente. (Miller, 2008/2009)

Essa pessoa que recebemos na clínica de psicanálise já veio com todo o aparato pronto das "verdades mentirosas", como diria Lacan, das formações significantes (Lacan, 2003a). A reação à frase "não tenho a menor ideia", e o que se passou em seguida, deixou clara a importância clínica desse momento.

Clínica do sentido, clínica da consequência. Reservo uma palavra para essa distinção em que trabalhei em 1999 e 2000, em um artigo chamado "Emprestando consequência – quando Freud não explica", mais atual hoje do que àquela época (Forbes, 1999c e 2000a). Vejo vantagem em se diferenciar a posição do analista ao emprestar sentido, ao apontar a um sentido a mais, da posição de emprestar consequência, ao apontar a um sentido a menos, como nesse exemplo.

Desenvolvemos com Hans Jonas (2006), na obra *Princípio responsabilidade*, a sustentação ética de uma posição coerente ao emprestar consequência ao que um paciente diz, implicando-o nesse dizer, retirando a ilusão de que exista algo além, como quando, em experiência tão rotineira, uma pessoa afirma que se acha tonta, esperando sempre que o interlocutor negue e mostre-lhe algo melhor. Cabe, possivelmente, completar esse exemplo reproduzindo os dados das quinze primeiras semanas de atendimento dessa pessoa na Tabela 11, mostrando a mudança notável, para melhor, que ocorreu.

TABELA 11. RESULTADO DAS QUINZE PRIMEIRAS SEMANAS DE ATENDIMENTO

Categoria	Domínio	Pontuação da 1ª entrevista	Pontuação da entrevista final	Variação	Resultado	Melhora
Geral	Eventos clínicos e doenças recentes	1	1	0	4	Sem alteração
	Eventos sociais ou pessoais significativos	1	1	0	4	Sem alteração
	Aparência (limpeza e higiene geral, roupas)	2	1	-1	3	Mínima
	Relação com a doença degenerativa	6	2	-4	1	Excelente
Estado mental e cognitivo	Excesso de sonolência e distração	2	1	-1	3	Mínima
	Confusão/excitação/reatividade	2	2	0	4	Sem alteração
	Orientação (tempo, espaço, pessoas)	2	2	0	4	Sem alteração
	Fala (organização, vocabulário, expressividade)	2	2	0	4	Sem alteração

(continua)

Categoria	Domínio	Pontuação da 1ª entrevista	Pontuação da entrevista final	Variação	Resultado	Melhora
Estado mental e cognitivo	Comportamento do paciente em situações que necessitam julgamento	3	1	-2	2	Grande
Comportamento	Organização e adequação do pensamento	4	2	-2	2	Grande
	Alucinações/delírios/ilusões	4	2	-2	2	Grande
	Depressão relacionada	2	1	-1	3	Mínima
	Ansiedade relacionada	2	1	-1	3	Mínima
	Motivação/energia	6	1	-5	1	Excelente
	Distúrbios do sono	2	1	-1	3	Mínima
	Distúrbios alimentares	2	1	-1	3	Mínima
	Adesão ao álcool	1	1	0	4	Sem alteração
Atividades da vida diária	Mobilidade	2	1	-1	3	Mínima
	Higiene/cuidado pessoal	2	1	-1	3	Mínima
	Tarefas domésticas (faxina, alimentação, etc.)	6	1	-5	1	Excelente
	Relação com o trabalho profissional	1	1	0	4	Sem alteração
	Relação com os estudos	1	1	0	4	Sem alteração
	Amizades, interações sociais	5	2	-3	1	Excelente
Vida amorosa	Relacionamento afetivo (namoro, casamento)	5	2	-3	1	Excelente
	Função e prazer sexual	5	2	-3	1	Excelente
	Libidinização das atividades da vida	6	3	-3	1	Excelente
Posição subjetiva	Sensação de ser uma vítima	6	3	-3	1	Excelente
	Possibilidade de se responsabilizar pelas escolhas	6	3	-3	1	Excelente
	Facilidade de suportar o encontro e o acaso	6	3	-3	1	Excelente
	Avaliação da própria felicidade	6	3	-3	1	Excelente
	Sensação de vergonha frente ao próprio corpo	1	1	0	4	Sem alteração

LIMITES E ALCANCE DO MÉTODO E A SUA REPRODUÇÃO
O principal limite à ação analítica é a presença do paciente. Não se faz análise por imposição nem por convencimento. Afirma Lacan em *Televisão*: "Não convenço ninguém" (a fazer uma análise) (Lacan, 2003b). Isso não quer dizer que uma pessoa crítica à Psicanálise não possa se beneficiar dela. É fato corriqueiro uma pessoa procurar uma analista e começar dizendo o quanto desconfia da Psicanálise em variados sentidos. Curiosamente, falando mal da Psicanálise, uma pessoa pode se analisar. Um sujeito engaja-se em uma análise somente quando fisgado por si mesmo, por esse si mesmo que lhe é tão estranho, como no exemplo dado. Daí ser dada tanta importância à primeira ou às primeiras entrevistas. Não há outro limite além desse, não há como concordar com limites que se comentam popularmente: intelectual, econômico, gravidade, idade, etc.

O que é descrito neste livro, aplicado a doenças neuromusculares de origem genética, pode ser extensivo a outros tipos de portadores de neuropatias. A evidência de uma afecção conseguirá calar a subjetividade responsável de seu portador.

Quanto à reprodução da experiência aqui descrita, não há porque acreditar que não seria possível, mas ela ainda não foi testada em outros centros. Este trabalho é pioneiro. Esperamos que a tese, agora transformada neste livro, tenha a função de facilitar essa ocorrência. Nesse tempo de trabalho, já recebemos algumas delegações de universidades brasileiras e estrangeiras interessadas no que vem sendo realizado, motivadas por resultados parcialmente apresentados em congressos internacionais. Continuaremos no esforço de propagar o que temos constatado e facilitar o acesso à maneira de trabalhar que desenvolvemos na Clínica de Psicanálise que criamos no Centro de Pesquisa sobre o Genoma Humano e Células-tronco da USP.

APÊNDICE

As doenças estão expostas na ordem decrescente de acometimento e foram retiradas do site do Centro de Pesquisa sobre o Genoma Humano e Células-tronco (http://genoma.ib.usp.br/).

TABELA A. DESCRIÇÃO RESUMIDA DA CAUSA GENÉTICA DAS PATOLOGIAS QUE AFETAM A POPULAÇÃO DA PESQUISA

Distrofia	Causa genética da patologia
Distrofia miotônica de Steinert	O gene responsável pela doença, o *DMPK* (*dystrophia myotonica protein kinase*), está localizado no cromossomo 19q13.3. Ele pode se expressar de modo variável, resultando em grande variabilidade de quadros clínicos entre os indivíduos afetados, até mesmo dentro de uma mesma família. A mutação do gene *DMPK* é um aumento anormal de repetições da trinca de nucleotídeos CTG (chamada de trinucleotídeos CTG ou repetições CTG), localizada na porção terminal do gene.
Ataxia espinocerebelar	Já foram identificados mais de 25 genes cujas mutações são responsáveis pelas diferentes formas de ataxia espinocerebelar. Dentro da sequência de DNA de muitos deles, há uma região em que ocorre uma repetição de trinucleotídeos (segmento de três nucleotídeos de DNA repetido muitas vezes). Nos indivíduos afetados, há um aumento anormal (expansão) do número de trinucleotídeos, causando o aparecimento dos sintomas.

(continua)

Distrofia	Causa genética da patologia
Distrofia muscular do tipo cinturas (DMC)	Existem diversas formas de distrofia muscular do tipo cinturas, classificadas de acordo com a cronologia de sua identificação e com o mecanismo de herança da doença, que pode ser autossômico dominante ou autossômico recessivo. As formas autossômicas dominantes (denominadas DMC1), que correspondem a menos de 10% dos casos, já têm sete formas classificadas (DMC1A a DMC1G), as quais estão associadas com os genes localizados nas regiões 5q22-q34 (proteína miotilina), 1q11-q21 (laminina A/C), 3p25 (caveolina-3), 6q23, 5q31, 7q32 e 4p21. As formas autossômicas recessivas, denominadas DMC2, representam mais de 90% dos casos diagnosticados. Em geral, estão associadas à degeneração e à fraqueza da musculatura proximal, como também a uma grande variabilidade clínica. As distrofias DMC2C, 2D, 2E e 2F, chamadas de sarcoglicanopatias, são as formas mais graves e decorrem de mutações em genes que codificam proteínas chamadas de sarcoglicanas, localizados nas regiões 17q21, 4q12, 13q12 e 5q33.
Distrofia muscular do tipo fácio--escápulo-umeral	Apresenta padrão de herança autossômico dominante, e a alteração genética está relacionada à presença de uma deleção (perda) de um número variável de unidades de 3,3 kb na região 4q35. Os portadores da deleção têm 50% de chance de transmitir a alteração para seus descendentes, mas ainda não é possível prever a gravidade do quadro clínico na prole dos afetados. A deleção está presente em aproximadamente 90% dos casos com diagnóstico clínico de FSH.
Charcot-Marie--Tooth (CMT)	A forma mais frequente de neuropatia de CMT é a forma 1A (CMT1A), de herança autossômica dominante, causada por uma duplicação de uma região específica do cromossomo 17, denominada 17p11.2-p12. A deleção dessa mesma região em 17p11.1-p12 é responsável pela neuropatia hereditária sensível à compressão (HNPP). Essa neuropatia tem como sintoma característico a ocorrência de lesão dos nervos em resposta a fatores externos, como pressão, alongamento ou uso continuado, levando a episódios de dormência, formigamento e fraqueza muscular. O gene *PMP22*, localizado no intervalo duplicado na CMT1A e deletado na HNPP, é o responsável pelas manifestações clínicas das duas doenças. Já foram descritos casos dessas neuropatias com mutações de ponto em PMP22.

(continua)

Distrofia	Causa genética da patologia
Distrofia muscular progressiva do tipo Duchenne	Doença genética causada por mutações no gene DMD, ou distrofina, localizado no cromossomo Xp21. Deleções (perda de DNA) e duplicações (ganho de DNA) no gene da DMD são responsáveis pela doença em aproximadamente 70% dos casos. Os casos restantes são causados por mutações de ponto ou microrrearranjos. O gene DMD codifica a proteína distrofina, que, em conjunto com outras proteínas, forma um complexo localizado na membrana da célula muscular que participa da regulação da permeabilidade dessa membrana.
Atrofia espinhal progressiva	São causadas por mutações no gene SMN1 (survival motor neuron 1). Na AEP tipo I, mais de 90% dos casos são causados por deleções dos éxons 7 e/ou 8 do gene SMN1. Já nos tipos tipo II ou III, observam-se deleções em aproximadamente 50% dos casos. Na maioria das vezes, a herança é autossômica recessiva.
Distrofia muscular progressiva do tipo Becker	Assim como ocorre com a distrofia de Duchene, aqui, trata-se de doença genética causada por mutações no mesmo gene, o gene DMD localizado no cromossomo Xp21. Deleções (perda de DNA) e duplicações (ganho de DNA) no gene da DMD são responsáveis pela doença em cerca de 70% dos casos. Os casos restantes são causados por mutações de ponto ou microrrearranjos. O gene DMD codifica uma proteína chamada distrofina, que, junto com outras proteínas, forma um complexo localizado na membrana da célula muscular, que participa da regulação da permeabilidade desta membrana.
Ataxia de Friedreich	É causada por mutações em ambas as cópias do gene FXN, que codifica para uma proteína denominada de frataxina. A mutação presente em cerca de 95% dos casos é uma expansão da repetição de trinucleotídeos (GAA)n.
Doença do neurônio motor	A esclerose lateral amiotrófica (ELA) é a forma mais comum das doenças do neurônio motor e, por isso, frequentemente, o termo ELA é utilizado indistintamente para as outras formas desse tipo de doença. Já foram identificados seis genes que, quando mutados, são responsáveis pelo quadro de esclerose amiotrófica: SOD1 (Cu/Zn superoxide dismutase), ALS2 (alsin), DCTN1 (dynactin), ANG (angiogenin), SETX (senataxin) e VAPB (synaptobrevin/VAMP – vesicle-associated membrane protein – associated protein B). Esses genes estão mapeados nas regiões 21q22.1, 2q33, 2p13, 14q11, 9q34 e 20q13.3, respectivamente.

(continua)

Distrofia	Causa genética da patologia
Miopatias congênitas	As miopatias congênitas estruturais são caracterizadas pela presença de alterações na biopsia muscular, tais como predominância e/ou atrofia de fibras tipo I associadas a lesões estruturais específicas no interior das fibras musculares. São classificadas pelo padrão de herança, localização cromossômica, gene e produto proteico. Apresentam padrão de herança autossômico dominante, recessivo ou ligado ao cromossomo X. Por isso, o diagnóstico diferencial é muito importante para a estimativa de riscos de recorrência na família.

TABELA B. RESULTADOS NUMÉRICOS DA PESQUISA

Categoria	Domínio	Resultado					
		Excelente	Grande	Mínima	Não há	Piorou	Total
Geral	Eventos clínicos e doenças recentes	12	6	5	40	1	64
	Eventos sociais ou pessoais significativos	25	10	8	21	0	64
	Aparência (limpeza e higiene geral, roupas)	13	6	16	29	0	64
	Relação com a doença degenerativa	27	13	11	13	0	64
	Excesso de sonolência e distração	9	5	5	45	0	64
Estado mental e cognitivo	Confusão/excitação/ reatividade	18	3	3	40	0	64
	Orientação (tempo, espaço, pessoas)	8	5	7	44	0	64
	Fala (organização, vocabulário, expressividade)	8	12	11	33	0	64
	Comportamento do paciente em situações que necessitam julgamento	11	16	7	30	0	64

(continua)

Categoria	Domínio	Resultado					
		Excelente	Grande	Mínima	Não há	Piorou	Total
Estado mental e cognitivo	Organização e adequação do pensamento	10	9	7	38	0	64
	Alucinações/delírios/ ilusões	2	4	2	56	0	64
	Depressão relacionada	26	15	5	18	0	64
Comportamento	Ansiedade relacionada	22	7	12	23	0	64
	Motivação/energia	30	6	14	14	0	64
	Distúrbios do sono	11	3	8	42	0	64
	Distúrbios alimentares	11	5	4	44	0	64
	Adesão ao álcool/drogas	3			61	0	64
	Mobilidade	11	4	11	38	0	64
	Higiene/cuidado pessoal	12	15	3	34	0	64
Atividades da vida diária	Tarefas domésticas (faxina, alimentação, etc.)	11	2	9	42	0	64
	Relação com o trabalho profissional	16	12	10	26	0	64
	Relação com os estudos	15	8	6	35	0	64
	Amizades, interações sociais	27	11	6	20	0	64
	Relacionamento afetivo (namoro, casamento)	31	6	8	19	0	64
Vida amorosa	Função e prazer sexual	24	8	8	24	0	64
	Libidinização das atividades da vida	28	8	10	18	0	64
	Sensação de ser uma vítima	36	7	6	15	0	64
Posição subjetiva	Possibilidade de se responsabilizar pelas escolhas	31	12	6	15	0	64
	Facilidade de suportar o encontro e o acaso	33	14	5	12	0	64
	Avaliação da própria felicidade	36	10	8	10	0	64
	Sensação de vergonha frente ao próprio corpo	17	9	8	30	0	64

REFERÊNCIAS

AGAMBEN, Giorgio. *Homo Sacer I:* O poder soberano e a vida nua. Trad. de Henrique Burigo. Belo Horizonte: UFMG, 2002.

BERTOLUCCI, Paulo H.F.; NITRINI, Ricardo. Proposta de uma versão brasileira para a escala ADCS-CGIC. *Arq Neuropsiquiatr.* 2003; 61(3-B):881-90.

CENTRO de Pesquisa sobre o Genoma Humano e Células-tronco da Universidade de São Paulo (CEGH-CEL). Disponível em: http://genoma.ib.usp.br/?page_id=46. Acesso em: fev. 2017.

COSTA, Terezinha Pavanello Godoy; COSTA, Mateus Pavanello Godoy. Grupo de apoio psicológico: promovendo melhorias na qualidade de vida de familiares de pacientes portadores de distrofia muscular. *Revista da SPAGESP.* 2007; 8(1):36-42.

CUNHA, Antônio Geraldo da. *Dicionário etimológico da língua portuguesa.* 3.ed. Rio de Janeiro: Lexikon, 2007.

DUVE, Christian de. *Génétique du péché originel:* Le pois du passé sur l'avenir de la vie. Paris: Odile Jacob, 2009.

FERRY, Luc. *La révolution de l'amour:* Pour une spiritualité laïque. Paris: Plon, 2010.

FORBES, Jorge; REALE JÚNIOR, Miguel; FERRAZ JUNIOR, Tercio Sampaio. *A invenção do futuro.* Barueri: Manole, 2005.

FORBES, Jorge. A bagagem do analista. *O Risco* – Publicação da Associação Mineira de Psiquiatria. Belo Horizonte, 1998, Ano X, n. 3, p.8-9.

FORBES, Jorge. A psicanálise do homem desbussolado: as reações ao futuro e o seu tratamento. Opção Lacaniana. *Revista Brasileira de Psicanálise*. São Paulo, fev 2005, n. 42, p.30-33.

FORBES, Jorge. Analisando 88. Capítulos de Psicanálise. *Biblioteca Freudiana Brasileira* (coletânea). São Paulo, 1988a, n. 1, p.16-22.

FORBES, Jorge. As quatro posições subjetivas na produção do saber psicanalítico. *Carta de São Paulo:* Boletim mensal da Escola Brasileira de Psicanálise. São Paulo, Ano II, n. 16, 1996, p.4-6.

FORBES, Jorge. Do insulto e do elogio. *Dora: Revista de Psicanálise e Cultura*. São Paulo, agosto 1999a, ano 2, n. 2, p.4-8. Disponível também em: http://www.jorgeforbes.com.br/br/artigos/insulto-e-elogio.html. Acesso em: fev. 2017.

FORBES, Jorge. Emprestando consequência. Opção Lacaniana. *Revista Brasileira de Psicanálise*. São Paulo, n. 29, dez 2000a, p.65-8.

FORBES, Jorge. Estranhos desejos. *IstoÉ Platinum*. São Paulo: Três editorial, out/nov 2008, v. 9, p.130.

FORBES, Jorge. Família e responsabilidade. *Asephallus: Revista Eletrônica do Núcleo Sephora*. Rio de Janeiro, mai/out 2009a; 4(8):1-5. Disponível em: http://www.nucleosephora.com/asephallus/numero_08/artigo_08_port.html. Acesso em: fev. 2017.

FORBES, Jorge. Fixões. *Agenda de Psicanálise:* O corpo na psicanálise. Rio de Janeiro: Relume Dumará, 1990. p.69-73.

FORBES, Jorge. Há via. *Correio do Simpósio*. Belo Horizonte, 1987, n. 2, p.7.

FORBES, Jorge. Jacques Lacan e a psicanálise do Século XXI. *Palestra no Café Filosófico*. Série Invenção do contemporâneo "A psicanálise do Século XXI: Lacan para desesperados da crise", promovido pela CPFL Cultura. Transmitido pela TV Cultura em 30 nov 2010. Disponível em: www.youtube.com/user/psicanaliselacaniana#p/u/17nK5KfRMSsfc. Acesso em: fev. 2017.

FORBES, Jorge. Le mot touche. La lettre mensuelle. *École de la Cause freudienne*. Paris, 2000b, n. 184, p.48-50.

FORBES, Jorge. Não se explique, nem se justifique e nem se desculpe. *O Risco* – Publicação da Associação Mineira de Psiquiatria. Belo Horizonte, nov 1999b, Ano X, n. 9, p.19.

FORBES, Jorge. Não tenho a menor ideia. *Conferência* pronunciada no VIII Congresso da EBP: O analista e os semblantes. Florianópolis, 3 e 4 de abril de 2009b.

FORBES, Jorge. O homem que tudo explicava. *Valor econômico*. São Paulo, 20 abr 2006.

FORBES, Jorge. Para uma nova bússola. *Conferência* proferida no IX Congresso da Escola Brasileira de Psicanálise "Os limites do simbólico na experiência analítica". Tiradentes (MG), de 29 de abril a 1º de maio de 2011. Disponível em: http://www.jorgeforbes.com.br/br/artigos/para-uma-nova-bússola.html. Acesso em: fev. 2017.

FORBES, Jorge. Paranóia. *Viver Psicologia*. 1999c; (82):19.

FORBES, Jorge. Uma hipótese de trabalho: a influência da psicanálise na expressão dos genes. *Asephallus: Revista Eletrônica do Núcleo Sephora*. Rio de Janeiro, nov 2007/abr 2008; 3(5):1-6. Disponível em: http://www.nucleosephora.com/asephallus/numero_05/pdf/artigo_03.pdf. Acesso em: fev. 2017.

FORBES, Jorge. Os caminhos lógicos da psicanálise: O nome próprio. *Atas das V Jornadas de Trabalhos do Simpósio do Campo Freudiano*. Belo Horizonte, 1988a.

FREUD, Sigmund. O Estranho. *Edição standard das obras completas de Sigmund Freud*. v. XVII. Trad. Jayme Salomão (coord.). Rio de Janeiro: Imago, 1976. p.273-318.

JONAS, Hans. *O princípio responsabilidade:* Ensaio de uma ética para a civilização tecnológica. Trad. Marijane Lisboa e Luiz Barros Montez. Rio de Janeiro: Contraponto, 2006.

KALKMAN, Joke S.; SCHILLINGS, Maartje L.; ZWARTS, Machiel J. et al. Psychiatric disorders appear equally in patients with myotonic dystrophy, facioscapulohumeral dystrophy, and hereditary motor and sensory neuropathy type I. *Acta Neurol Scand.* 2007; 115(4):265-70.

LACAN, Jacques. A direção do tratamento e os princípios de seu poder (1958). In: *Escritos.* Trad. Vera Ribeiro. Rio de Janeiro: Jorge Zahar, 1998c. p.591-652.

LACAN, Jacques. A instância da letra no inconsciente ou a razão desde Freud (1957). In: *Escritos.* Trad. Vera Ribeiro. Rio de Janeiro: Jorge Zahar, 1998b. p.496-533.

LACAN, Jacques. Abertura. In: *Escritos.* Rio de Janeiro: Jorge Zahar, 1998a. p.9-11.

LACAN, Jacques. Prefácio à edição inglesa do Seminário 11. In: *Outros escritos.* Rio de Janeiro: Jorge Zahar, 2003a. p.567-9.

LACAN, Jacques. Televisão. In: *Outros escritos.* Rio de Janeiro: Jorge Zahar, 2003b. p.508-43.

LANTICAN, Leticia S. M.; BIRDWELL, Corinne N.; HARRELL, Robert T. Physically handicapped individuals in psychotherapy: some empirical data. *Issues in Mental Health Nursing.* 1994; 15:73-84.

LAPLANCHE, Jean; PONTALIS, Jean-Bertrand. *Vocabulário de psicanálise.* 4.ed. Trad. Pedro Tamen. Lisboa: Moraes, 1977.

LEVI, Primo. *Isto é um homem?* Rio de Janeiro: Rocco, 1988.

LEVY, Samuel; SUTTON, Granger; NG, Pauline C.; FEUK, Lars; HALPERN, Aaron L.; WALENZ, Brian P. et al. The diploid genome sequence of an individual human. *PLoS Biol.* 5(10):e254. Disponível em: http://www.plosbiology.org/article/info%3Adoi%2F10.1371%2Fjournal.pbio.0050254#top. Acesso em: 28 out. 2016.

MILLER, Jacques-Alain; LAURENT, Éric. O Outro que não existe e seus comitês de ética. *Seminário da Orientação Lacaniana.* Paris, 1996/97.

MILLER, Jacques-Alain. Enseignements de la presentation de malades. *Ornicar.* Juillet 1977, n. 10, p.18-20.

MILLER, Jacques-Alain. *L'Orientation Lacanienne* – Choses de finesse en psychanalyse. Paris, 2008-2009.

NOBLE, Denis. *La musique de la vie*: La biologie au-delà du génome. Trad. do inglês: Carlos Ojeda e Véronique Assadas. Paris: Seuil (Science Ouverte), 2007.

SCOTT, Alan B.; COLLINS, Carter C. Division of labor in human extraocular muscle. *Arch Ophthalmol.* 1973; 90(4):319-22.

SEMPRUN, Jorge. *A escrita ou a vida.* São Paulo: Companhia das Letras, 1995.

TIMMAN, Reinier; TIBBEN, Aad A.; WINTZEN, Axel R. Myotonic dystrophy: The burden for patients and their partners. *J Rehabil Med.* 2010; 42:823-30.

VENTER, John Craig. Maioria dos cientistas estuda o que já se sabe. Entrevista concedida a Herton Escobar. *O Estado de S. Paulo.* São Paulo, 13 abr 2008a, A34.

VENTER, John Craig. *Uma vida decodificada.* Rio de Janeiro: Elsevier, 2008b.

VIARO, Mário Eduardo. *Por trás das palavras:* Manual de etimologia do português. São Paulo: Globo, 2004.

WADE, Nicholas. Craig Venter publica sequência completa do próprio genoma. *Folha de S. Paulo.* São Paulo, 4 set 2007, Ciência, A20. Disponível em: http://www1.folha.uol.com.br/fsp/ciencia/fe0509200701.htm. Acesso em: 28 out. de 2016.

WITTE, Richard A. The psychosocial impact of a progressive physical handicap and terminal illness (Duchenne muscular dystrophy) on adolescents and their families. *Br J Med Psychol.* 1985; 58(Pt 2):179-87.

ZATZ, Mayana; DE PAULA, Flávia; STARLING, Alessandra; VAINZOF, Mariz. The 10 autosomal recessive limb-girdle muscular dystrophies. *Neuromuscul Disord.* 2003; 13(7-8):532-44.

ZATZ, Mayana. Genômica das doenças neuromusculares e neurodegenerativas. In: Mir L (ed.). *Genômica.* São Paulo: Atheneu, 2004. p.345-60.

ÍNDICE ONOMÁSTICO

AGAMBEN, Giorgio 30
Associação Brasileira de Distrofia
	Muscular (ABDIM) 48
BARBOSA, Andreza Cristina
	Coutinho 86
BERTOLUCCI, Paulo H. Ferreira 61, 63
BIRDWELL, Corinne N. 35
BLEIJENBERG, Gijs 30
Centro de Pesquisa sobre o Genoma
	Humano e Células-tronco da
	Universidade de São Paulo
	(USP) 19, 22, 24, 47, 48, 51, 53,
	54, 67, 81, 82, 83, 85, 95, 107,
Clínica de Psicanálise do Centro de
	Pesquisa sobre o Genoma
	Humano e Células-tronco da
	USP 19, 22, 48, 68, 93, 95
COLLINS, Carter C. 15
COSTA, Mateus Pavanello Godoy 33
COSTA, Terezinha Pavanello Godoy 33
CUNHA, Antonio Geraldo da 20
DARWIN, Charles 40
DAWKINS, Richard 40
DE PAULA, Flávia 27, 28
DUVE, Christian de 39, 40
ESCOBAR, Herton 18
Escola Brasileira de Psicanálise 50, 95

Escola da Causa Freudiana 50
FERRAZ JUNIOR, Tercio Sampaio 33,
	38, 45
FERRY, Luc 46, 94
FEUK, Lars 16, 51
FORBES, Jorge 11-13, 17, 18, 20, 22, 33, 34,
	38, 39, 42, 45, 48, 50, 59, 83, 86,
	95, 98, 110, 111
FREUD, Sigmund 21, 43-47, 50, 94, 98
GENESINI, Teresa 83
GÖDEL, Kurt 41, 42
HALPERN, Aaron L. 16, 51
HARRELL, Robert T. 35
JONAS, Hans 19, 31, 32, 99
KALKMAN, Joke S. 30
KANT, Immanuel 46
LACAN, Jacques 17, 21, 23, 24, 42, 43,
	46-50, 98, 101
LAMARCK, Jean-Baptiste 39, 40
LANTICAN, Leticia S. 35
LAURENT, Éric 16
LEVI, Primo 22
LEVY, Samuel 16, 51
MARX, Karl 46
MILLER, Jacques-Alain 16, 21, 48, 98
NG, Pauline C. 16, 51
NIETZSCHE, Friedrich 46

NITRINI, Ricardo 61
NOBLE, Denis 40
NUNES, Márlio Vilela 83
PASCAL, Blaise 17
PAVANELLO, Rita de Cássia 80, 83
REALE JÚNIOR, Miguel 33, 38, 45
RIOLFI, Claudia 86, 89
SCHILLINGS, Maartje L. 30
SCOTT, Alan B. 15, 40
SEMPRUN, Jorge 22
STARLING, Alessandra 27, 28
SUTTON, Granger 16, 51

TIBBEN, Aad A. 35
TIMMAN, Reinier 35
VAINZOF, Mariz 27, 28
VAN ENGELEN, Baziel G. M. 30
VENTER, John Craig 16, 18, 19, 23
VIARO, Mário Eduardo 20
WADE, Nicholas 16
WALENZ, Brian P. 16, 51
WINTZEN, Axel R. 35
WITTE, Richard A. 34
ZATZ, Mayana 19, 27, 28, 37, 48, 50, 83
ZWARTS, Machiel J. 30

ÍNDICE REMISSIVO

A
ação analítica 91, 95, 101
acaso 32, 62, 65, 77, 93, 100, 107
acidente 32
acompanhamento do atendimento 49
adaptação 36
agressividade 56, 88
álcool 72, 73
   adesão ao 57, 62, 65, 100, 107
alegria 34, 57, 76, 87
aliança empática 35
alteração(ões) genética(s) 19, 22, 47, 104
ambiente 18, 25, 87
amor(es) 17, 45, 56, 60, 83, 88, 93
analisandos 32
análise 18, 21, 22, 38, 49, 50, 55, 58-61,
      70-72, 74, 75, 77, 78, 82, 86, 101
anamnese 59
angústia 57
ansiedade 62, 65, 100, 107
antecipação clínica 29, 30
apresentação psicanalítica 48
Associação Brasileira de Distrofia
      Muscular (ABDIM) 48
associação livre 43
ataxia(s)
   de Friedreich 53, 105
   espinocerebelar(es) 29, 30, 53, 104
atendimento em instituição pública 50
ato analítico 42
atrofia espinhal progressiva 53, 105
autoajuda 31, 34
axiomas 42

B
behaviorista 38
bem-estar 31, 36
bisturi 49
bom senso 34, 38, 91

C
cadeia de significantes 43
ceder em seu desejo 32
ciência(s)
   do incompleto 41
   do singular 91
circunstância(s) 32, 58
cirurgia 16, 49
civilização 44
clínica
   da consequência 98
   de Psicanálise 19, 22, 48, 51, 67, 68,
      93, 95
   do Real 23
   do sentido 98
   psicanalítica 20, 43
código genético 17, 18, 40
colaboração clínica 38
coleta de dados 58, 60
compaixão 22, 23, 30, 36, 57, 97

competências remanescentes 35
completude 42
complexo de Édipo 44, 46
compreensão 35, 37, 41, 45, 60, 87, 88
conhecimento científico dedutivo 41
consequência(s) 17, 22-24, 32, 37, 40, 56, 80, 96, 98, 99
contingências da vida 19
corpo 27, 57, 62, 74, 77, 78, 80, 100, 107
crença 35
criatividade do paciente 74
cromossomo X 27, 106
culpa 32, 33
culpa(s) 33, 35

D

dar consequência 47
decisão(ões) 33, 37, 42
defeito molecular 29
deleção 29, 104, 105
depressão 62, 65, 100, 107
desapego 98
desautorizar o sofrimento 23, 81
  socialmente padronizado 23
desconstrução 46
desejo 32, 44, 83, 85
destino 18, 69, 70, 77, 98
Deus 32, 46, 86
diálogo impossível 38
direção do tratamento 60
discurso da ciência 16
discussão(ões)
  clínica(s) 60, 63
  do caso 49
distribuição piramidal e vertical da sociedade 45
distrofia(s) 53
  de Charcot-Marie-Tooth 53, 105
  fácio-escápulo-umeral 53, 104
  miotônica de Steinert 53, 103
  muscular do tipo cinturas 53, 104
  muscular progressiva do tipo Becker 53, 105
  muscular progressiva do tipo Duchenne 53, 105
distrofina 28, 105
DNA 18, 39, 40, 83, 85, 104, 105

doença(s)
  degenerativa(s) 16, 23-25, 27, 29, 52, 54-56, 58-59, 62-65, 67-71, 73, 78, 81, 92, 93, 99, 106
  de Machado-Joseph 81
  do neurônio motor 53, 105
  grave 36, 92
  neuromuscular 30
  terminal 34
dor 23, 27, 92, 97
droga(s) 16, 57, 62, 72, 73, 107
dúvida 17, 21, 63, 89, 97

E

egos 35
eixo vertical das identificações 45
elogio 21
emissor 17
ensino de Jacques Lacan 43
entrevista(s)
  de retorno 59, 60, 63, 64
  psicanalíticas 58
enunciação 17
epigenética 40
esclerose lateral amiotrófica 105
escolhas 34, 44, 62, 65, 77, 78, 93, 100, 107
escuta 35
  na ciência 38
esperança 32, 39, 47
estrabismo 15
estranha 17, 94
estranheza 34, 94
estranho 88, 94, 101
estrutura edípica 44, 45
ética 31, 39, 97, 99
  teológica 46
excesso 62, 65, 99, 107
experiência 31, 50, 87, 91, 99, 101
  clínica 21
explicação 36, 39, 58
expressão gênica 18, 19, 41

F

familiares 16, 23, 33, 48, 56, 67, 68, 73, 78
fantasias 43, 44
fantasma 42

fé 35, 36, 83
felicidade 34, 47, 63, 65, 77, 78, 85, 87, 93, 100, 107
fenótipo 18, 19, 28, 37
ficção 42
física 15
fixão 42
frataxina 105
Freud explica 47
furo 47

G
gene(s)
   alteração do 41
   dinâmicos 27, 29
Genética 15, 16, 17, 23, 37, 38, 39, 41
Genoma 19, 22, 25, 47, 48, 51, 53, 54, 67, 81, 82, 83, 85, 95, 103
genótipo 18, 19, 37
gesto analítico 97
globalização 34, 43
gozo 60, 97

H
herança 27-29, 37, 40, 104-106

I
ideal 46
identidade 17, 70
identificar com o analista 43
Iluminismo 45, 46
imaginário 49, 57, 78
impacto 60
   da doença degenerativa 61-65
   do tratamento psicanalítico 67, 72, 74, 76, 77
   psíquico 91
impossível 18, 38, 42, 93
incisão do real sobre o simbólico 49
incompreensão 39, 87
inconsciente 43, 44
indicação da consulta 48
instinto 44
insultar 20
insulto 20-22
interpretação 21, 59, 69, 97
   pelo avesso 22

interpretar o não sabido 47
invenção 45
   de soluções singulares 47
   responsável 39

L
laço social 43, 45, 46
lamarckismo 39
liberdade 21
libidinização das atividades da vida 62, 65, 100, 107
lógica
   impasses da 42

M
Maktub 17, 18
mal-entendido 44
mal-estar 38
manifesto iluminista de Kant 46
mapa genético 19
matema 21
medicina
   clínica 38
   cosmética 15, 16
   do futuro 15, 16, 24
   terapêutica 16
   tradicional 15
medo(s) 32, 35, 43, 82, 83
método(s) 24, 43, 47, 58, 91, 94, 101
miopatia(s) congênita(s) 53, 106
mitos 42
mobilidade 62, 65, 100, 107
modernidade 45, 46
moral 32, 88, 97
   prêt-à-porter 32
moralista 30, 39
morte 17, 19, 43, 45, 57, 96, 97
mundo vertical 45
mutação do gene 103

N
não todo 42
natureza 40, 46, 94
negação 30
neuropatia(s) 102, 105
neurose 44, 59
nucleotídeos 103, 104

119

O
objetividade 17
objetivos 23, 24, 59, 84, 86, 94
ordem
   divina 46
   natural 46
Outro 33

P
Pai 44
pensamento não determinista 41
perversão 44
portador(es) de doença(s) 16, 23, 24, 52-54, 56, 67-69, 94
posição
   do analista 98
   subjetiva 63, 67, 77, 78, 93
pós-modernidade 45, 46
prazer sexual 62, 65, 75, 76, 93, 100, 107
primeira
   clínica 43, 44, 46
   consulta 48
   entrevista 51, 59, 63-65
princípio responsabilidade 31, 99
prognóstico 59
Projeto Análise 79, 80, 81
proteína 28, 104, 104-105
psicanalista 31, 38, 49, 56, 57, 84, 95
psicose 59
psicoterapia 35

Q
qualidade de vida 30, 31, 33
queixas 56, 57

R
raiva 22, 30
razão 43, 46-48, 91, 94
RC 22, 23
Real 16, 23, 61, 67
recalcar 44
receptor 17
relação de compromisso 44
relativismo cínico 45
reprodução 16
   da experiência 101
resignação 22
responsabilidade
   analítica 32
   do direito atual 32
   do paciente 47
   em Psicanálise 33
   inovadora 32
   jurídica 32
   pelo desconhecido 32
resposta singular 23, 93
restitutio ad integrum 15
resultados clínicos 51
retificação subjetiva 60
retorno a Freud 43
romance familiar 42

S
saber
   científico 17
   limite do 38
   positivo 21
   psicanalítico 17
   sem sujeito 17
século XX 16, 45, 46
século XXI 16
segunda clínica de Lacan 21, 47, 50
seleção natural 40
sentença(s) indecidível(is) 41, 42
sentido
   a mais 98
   a menos 98
   em fuga 16
   emprestar 98
   último 16
sentimento(s) 19, 31, 32, 71, 89, 92
   prêt-à-porter 39
sentir 91
   irresponsável 92
sequenciamento dos genes humanos 18
ser 20
sessão analítica 20
sexualidade 16
significação 22, 44, 47, 67, 96
significante 44, 70
silêncio 39, 58
   da ciência 38
   da compreensão 37
   das significações 46
   do saber de si 38
   do tudo saber 41

simbólico 49-51
simpatia 36, 97
singularidade 31, 60, 92, 93
sintoma(s)
    alteração dos 60
    decifrável 42
    não decifrável 43
    sem sentido 43
sofrimento
    humano 16, 24
prêt-à-porter 3, 47, 57, 92
psíquico 27, 56
socialmente padronizado 23
software freudiano 45
sonhos 60, 84
subjetividade 17, 41, 102
sujeitos da pesquisa 51
surpresa 32, 85

T
talento 17
teorema da incompletude 41, 42
terapia 33, 35, 80, 81
teses reducionistas 40
toxina botulínica 16
transcendência 46
    da imanência 94

transferência 50
tratamento psicanalítico 22, 24, 56, 61-62,
    65-70, 72, 74, 76, 77, 92

U
Um
    versão do 38

V
verdade(s) 20, 22, 40-42, 82, 98
    de uma sentença 42
    mentirosas 98
    negativa 21
    positiva 21
verdadeiro 22
vergonha 57
versão do Um 38
vida
    amorosa 62, 65, 75, 93, 100, 107
    qualificada 30, 31, 76
    sexual 57
vírus social 22
visão leiga 38
vítima 20, 56, 62, 65, 77, 93, 100, 107
você é isso 21